風雲時代

# 大野狼的求勝日記

奇妙小故事
生活大智慧

舒天◎著

# 前言

不論是「七隻小羊」還是「三隻小豬」，或是「小紅帽與大野狼」，在許多的童話故事中，大野狼總是扮演著失敗者的角色。這一方面固然是人們對大野狼一向沒有好感，另一方面，也代表著弱小者一樣可以利用聰明智慧戰勝強者。

由中外勇於創新、善於思考的學者所創作的、充滿了令人警醒、啟人反思的奇妙故事，字字珠璣、富有哲理，為我們打開了一道獨特的人生風景，讓我們品味生活的酸甜苦辣；為我們奉獻一泓幽深的哲理清泉，幫我們開啟生命的智慧靈光。

書中以人生哲理為核心，利用一個個奇妙精彩、感人生動的人生故事，分別向讀者闡述了為人處世各方面的人生哲理。書中所採擷的中外故事，以生動的筆觸，細膩的情感，深邃的內涵，精彩的敘述，深深地打動和強烈地感染著我們，對激勵我們的人生，有著十分積極的意義，啟迪著我們以自信的火花點燃生命的聖燈，以智慧的力量鼓起奮鬥的勇氣，讓生命的價值在人生追求中完善體現，在人生奮鬥中贏得精彩。

奇妙又富含哲理的小故事，正蘊藏著無窮的人生大智慧，端看你是否能從中領悟了。

## 處世的哲理——

# 亦方亦圓，直屈相濟

一個心直口快的人，
只能博得人們的認同，
卻不能贏得尊重。
一個圓滑世故的人，
雖然讓人討厭卻總能保護好自己。

——(俄)伊凡·克雷洛夫

contents

## 交友的哲理——

# 廣交良友，貴在知心

朋友越多，人生的路就越寬廣。
因此應該多交朋友；
但交友時卻要千萬謹慎，
因為一旦誤交了小人，
將可能會使你的事業血本無歸。

——（德）大衛・赫爾德

contents

心態的哲理——

# 達觀向上，寵辱不驚

心態像一把搖椅，
它可以使你享受到悠哉的樂趣，
也可以把你摔個嘴啃地。

——（法）夏爾・戴高樂

contents

## 行動的哲理——
# 跬步至遠，少言多行

行動的時候，一定要大膽，
如果畏畏縮縮，不敢邁步，
那麼，你這一生
將只能看著別人享受成功。

——(英)威廉·莎士比亞

contents

挫折的哲理——

# 勇不言退，失而復得

不要懼怕挫折，
因為挫折的背後往往跟隨著幸運女神；
只要你正視挫折，
就可能從中窺見她的身影。

——（法）享利·巴爾札克

contents

# 處世的哲理——亦方亦圓，直屈相濟

一個心直口快的人，
只能博得人們的認同，
卻不能贏得尊重。
一個圓滑世故的人，雖然讓人討厭，
卻總能保護好自己。

——（俄）伊凡·克雷洛夫

在人生的道路上，
有時退讓一步，
反而是前進一步的最好策略。

——（英）托·富勒

生活中有些人快人快語，有啥說啥，口無禁忌，嘴無遮攔。

假如在一個熟悉的環境裏，大家彼此很瞭解，知道這是你的個性，可能這還算你的可愛之處。假如在陌生之地不熟悉你的人中，不分場合地點，不分談話對象，一律心裏想什麼就說什麼，這是萬萬不可以的。由於多方面的原因所限，你不能保證你想的都對、說的都對，而且聽話人的接受能力也不同。不分青紅皂白、不講究方式方法的直言快語，往往會帶來不良後果。

心口一致固然好，但在社交中還是要略為謹慎，該直則直，該屈則屈。

比如批評別人時，即使需要直接提出批評時，也應講究方式方法，講究批評的語氣、聲調，站在關心愛護的角度，抱著與人為善的態度，讓對方理解你的批評是真為他好，從而引起他發自內心的自我批評，這樣才會起到批評的作用，收到好的效果。

控制不住不當之言的人，只能說是修養不夠。有的人工作辛辛苦苦，能力也不比別人差。可就是得不到主管的器重和同事的擁護，究其原因就差在那張嘴上，正是「一黑遮千白」。有的人工作上雖然能力弱一些，但言談舉止都很得體，當說則說，不當說從不多言多語，因而頗有人緣。

學會處世做人，就要掌握如社交中直與屈的辯證關係，掌握好說話的分寸和辦事的尺度。

哲理 1

# 外圓內方，才是做人的王道

一個人有鋒芒也有魄力，
在特定的場合裏顯示一下自己的才華，
有時是很有必要的。
但是如果太過份，不僅會刺傷別人，
也會誤傷自己。

哲理點燈

在紛繁複雜的人際關係中，如果鋒芒畢露，稜角太強，不但會挫傷別人，也會傷害自己，即使是一個才華橫溢的人，也會過早地埋沒自己的才華，而不能為社會做更多的事。

外圓內方是處事中最經典的哲理。人無論處在何種地方都喜歡聽讚揚之詞，即人人都希望得到社會的承認，這是人之常情。會為人處事者，此時必然謹慎自重，適當藏其鋒芒，而不使其鋒芒畢露。對於別人，即便覺得別人幹得不好也不會妄加指責；那些忠直之人，此時也許要實話實說，這就讓人覺得你太過莽直、鋒芒畢露了。

過分外露自己的才能，只會招致別人的嫉妒，導致自己的失敗，無法達到事業的成功。更有甚者，不僅因此失去了前途，還會累及身家性命。有才華不可鋒芒畢露，對他人不可過於耿直地指責和批評，這便是內方外圓。

內方外圓並不是要違背人格去圓滑地做人，而是要你在堅持原則的前提下講究說話的藝術和方式，這樣既可以表明自己的見解，達到自己的目的，又不會傷害別人，也保護了自己。

「內方外圓」總括修身處世之要義。「方」是原則，是目標，也是本質；「圓」是策略，是途徑，也是手段。總之，萬變不離其宗，「圓」是萬變，「方」是宗。

故事開智

## 故事1

# 恃才驕傲終招禍

曹操造了一個花園，自己親自去看，看完後一言不發，在門上寫了一個「活」字走了。別人都不知道是什麼意思，丞相府的主簿楊修說：「門內有活，是個闊字，丞相嫌園門闊了。」於是又重新修園門，曹操得知是楊修教的，心裏有點芥蒂。

又有一次，塞北送了一盒酥來，曹操寫了「一合酥」在上面。放在盒子上。楊修看見後，就和大家把這盒酥分吃完了，曹操問他為什麼這麼做，楊修回答說盒上寫了「一人一口酥」，曹操又不太高興。

曹操怕人暗中加害他，吩咐左右說自己夢中好殺人，要是自己睡著了，不要靠近。一天，曹操在白天睡大覺，故意把被子蹬在地上。一個內侍取被給他蓋上，曹操躍起，拔劍殺了這個內侍。醒來之後，假裝不知道，厚葬內侍。楊修說了一句：「丞相非在夢中，君乃在夢中耳！」這下更引起了曹操的不快。

曹操想立曹植為世子。曹丕聽說之後，便偷偷請吳質入府密謀，想用大竹筐蓋上絹布把吳質抬入府中。由於曹操不喜歡兒子和官員結黨，楊修聽到這個消息後，就來告訴曹操。曹操派人在曹丕府門前偵察。

曹丕聽了這個消息後，就真用竹筐裝了絹布抬入府中，偵察的人回報曹操，曹操以為楊修誣告曹丕，心裏越發討厭他。

後來，曹操又想試一試曹丕和曹植的才幹，叫兩個人奉令出城門，曹丕先去，被曹操密令看門官擋住，曹丕只好回來。

曹植事先問了楊修才出門，看門官依舊攔擋，曹植大喝道：「我奉了命令，誰敢阻擋？」一刀把看門官給宰了，曹操據此認為曹植勝於曹丕。有人密告曹操說是楊修教的，曹操心中更是忌恨楊修。

建安二十年（西元二一五年），曹操出兵與劉備爭奪漢中，不能取勝。一天吃飯，曹操看見雞湯中的雞肋，便用「雞肋」做了口令。曹操當晚暗中巡營，看軍士收拾行囊，就問何故，眾軍說是楊修說的。曹操大怒，把楊修找來問話。楊修解釋說，雞肋食而無味，棄之可惜，這才推斷出丞相有回軍之意。曹操一氣之下，命人把楊修推出去殺了。

**【人生感悟】**

古語道：木秀於林，風必摧之。行高於衆，人必非之。一個人即使聰明過人也要注意收斂，這才是明智的處世之道。楊修不諳此道，終遭殺身之禍。

## 故事2

# 切莫喧賓奪主

蕭何在滅楚興漢的事業中立有大功，劉邦將他排在功臣之首。

後來韓信被誣為謀反，當時劉邦率兵出征在外，是蕭何為呂后設計除掉了韓信。蕭何由此從丞相提升為相國，封地增加了五千戶，還給了五名士卒做他的警衛。朝中大臣無不向他表示祝賀，只有一個叫召平的秦朝遺老獨去致哀，對蕭何說：「你不日將有大禍臨頭了，如今主上風餐露宿轉戰於外，而足下坐鎮京師，並未立有戰功，主上之所以給你增加封地，設置衛隊，是由於韓信剛剛謀反，主上對你心存懷疑，以此加以籠絡，並非是對你的寵信。請足下讓出封賞不要接受，並將自己的家產拿出來資助前方軍隊，主上必然高興。」

蕭何認為他說的十分有理，依計而行，劉邦果然十分高興。

又過了一年，英布謀反，劉邦又一次率兵出征，卻從前線一再派回使臣到京師打聽蕭何在幹什麼。

蕭何以為皇帝出征在外，便盡心盡責地安撫百姓，籌備糧草，輸送前線，如同他多年來所做的那樣。又有人對蕭何說道：

「足下不久將有滅族的大禍了。足下如今位為相國，功列第一，官不可再升，功不可再加，可足下自入關中十幾年來，甚得民心。如今主上派使臣來打聽足下的情形，是擔心足下名聲太大，對他構成威脅。足下何不到處壓價買田，高利放債，使民有怨言？只有如此，主上才會對你放心。」

蕭何聽從了他的意見，並這樣做了，劉邦果然十分高興。當劉邦班師回朝時，老百姓紛紛攔路上書，狀告蕭何。劉邦一點也不怪罪蕭何，反而將老百姓的狀紙交給蕭何，笑著對他說：「你自己處理吧！」

**【人生感悟】**

臣子一旦功高蓋世，必招之大禍，這樣的臣子，打江山時尚可利用，坐江山時就一定會被除掉，以解除主上的心頭大患。因此，聰明臣子大多小心收斂，以防喧賓奪主。

哲理 2

# 大野狼
# 該如何反敗為勝

「進」與「退」都是處世行事的技巧。
為人處世要精通時務，
懂得「激流勇進」和「激流勇退」的道理。

哲理點燈

該進則進，該退則退，是智者的表現。如果該進的時候不敢進就會失去機會，導致遺恨終生；該退的時候不能勇退，則會引來麻煩，甚至禍害。

關於進退之術，古人多有闡發，像「進一步山窮水盡，退一步海闊天空」，「以退為進，以進為退」，如此等等。

然而，這些「金玉良言」卻總是被相當多的人忽略了，當作了「耳邊風」，這究竟是因為什麼呢？

一般說來，不外乎有這樣兩種原因。一種是身處逆境之人雖能識之，但不能做；另一種是身處順境之人雖能做之，但不能識。

身處逆境，思量最多的就是如何能擺脫眼前不利局面，力爭早日振作起來，因此，他們腦子裏縈繞最多的便是這一句：「進一步山窮水盡，退一步海闊天空」，但思來想去，總覺得自己背水一戰，無路可退。他們是到了懸崖的邊上，只能向前邁進，而結果，依然是落了個「山窮水盡」的地步。

相反，身處順境的人，考慮最多的，則是如何抓住眼前一片大好局面，進一步擴大自己的勢力和影響，「好風須借力，送我上青天」，正處於人生得意的金字塔尖，儘管也時時有「高處不勝寒」的感覺，但是，他們當中又有幾人能想到「退」之一字呢？他們有的是退的資本，可是，他們沒有人能認識到進退之術，因此擱淺了。

人生中的進退之術，須把握住兩個方面，一是乘機而進，抓住時機，進要堅決，不可患得患失；二是遇變則退，保全自己。退要果斷，不可猶疑不決。無論是進還是退，其關鍵是要根據實際情況量力而行，「貪」與「疑」都是其中大忌。

故事開智

## 故事1 勇於跳出是非之地

滅吳之後，越王勾踐與齊、晉等諸侯會盟於徐州（今山東滕縣南）。當此之時，越軍橫行於江、淮，諸侯畢賀，號稱霸王，成為春秋戰國之交爭雄於天下的佼佼者。范蠡也因謀劃，官封上將軍。滅吳之後，越國君臣設宴慶功。群臣皆樂，勾踐卻面無喜色。范蠡察此微末，立識大端。他想：越王勾踐為爭國土，不惜群臣之死；而今如願以償，便不想歸功臣下。常言道：「盛名之下。難以久安。」現已與越王深謀二十餘年，既然功成事遂，不如趁此急流勇退。想到這裏，他毅然向勾踐告辭，請求隱退。

勾踐面對此請，不由得浮想翩翩，遲遲說道：「先生若留在我身邊，我將與您共分越國，倘若不遵我言，則將身死名裂，妻子為戮！」

政治頭腦十分清醒的范蠡，對於世態炎涼，品味得格外透徹，明知「共分越國」純係虛語，不敢對此心存奢望。他一語雙關地說：「君行其法，我行其意。」

事後，范蠡不辭而別，帶領家屬與家奴，駕扁舟，泛東海，來到齊國。范蠡逃出了是非之地。

**【人生感悟】**

范蠡的不辭而別，說明他對伴君為臣的做人之道熟知在胸，說明他深知勾踐的為人，只能與他共苦，不能與他同甘。急流勇退，求得後半生的平安，誠為明智之舉。

## 故事2

# 狼和狐狸的不同抉擇

老虎、狼和狐狸牠們一起出去打獵，捕獲了一頭羚羊、一隻野鹿和一隻兔子。老虎問狼：

「這些獵物應該怎麼分配啊？」

狼想都沒想就回答說：

「公正的方法就是：羚羊歸你，野鹿歸我，兔子給狐狸。」

老虎聽了，舉起爪子，就把狼抓死了。

於是牠又問狐狸：

「獵物應該怎麼分配啊？」

狐狸想都沒有想，馬上回答道：

「公正的方法是：羚羊可以作為您的美食，野鹿可以成為您的佳餚，而兔子可以成為您的點心。」

老虎非常滿意狐狸的回答，說：

「你怎麼這麼聰明，是怎麼知道這個答案的？」

狐狸回答說：

「你抓死狼的時候，我就知道答案了！」

**【人生感悟】**

常言道「好漢不吃眼前虧」。但有時卻正是「好漢要吃眼前虧」。留得青山在，不怕沒柴燒。所以，當碰到不利的環境時，千萬別逞一時血氣之勇，寧可吃眼前虧，對今後會大有好處。

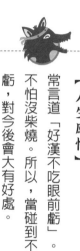

## 故事3 該出手時就出手

在生活中不論要幹什麼，都要把握住適當的分寸和尺度，所謂「該出手時就出手」，一旦錯過了最好的時機，你可能一無所獲。

一位富翁家的狗在散步時跑丟了，於是富翁就在當地報紙上發了一則啟事：有狗丟失，歸還者，付酬金一萬元。

啟事刊出後，送狗者絡繹不絕，但都不是富翁家的。富翁的太太說，肯定是真正撿狗的人嫌給的錢少，那可是一隻純正的愛爾蘭名犬。於是富翁就把電話打到報社，把酬金改為兩萬元。

一位沿街流浪的乞丐在報攤看到了這則啟事，他立即跑回他住的窯洞，因為前天他在公園的躺椅上打盹時撿到了一隻狗，現在這隻狗就在他住的那個窯洞裏拴著，果然，他判斷一定是富翁家的狗。

乞丐第二天一大早就抱著狗出了門，準備去領兩萬元酬金。

當他經過一個小報攤的時候，無意中又看到了那則啟事，不過賞金已變成三萬元。

乞丐又折回他的窯洞，把狗重新拴在那兒，第四天，懸賞金額果然又漲了。

在接下來的幾天時間裏，乞丐天天流覽當地報紙的廣告欄，當酬金漲到使全城的市民都感到驚訝時，乞丐返回他的窯洞。

可是那隻狗已經死了，因為這隻狗在富翁家吃的都是新鮮的牛奶和牛肉，對這位乞丐從垃圾筒裏撿來的東西根本受不了。

**【人生感悟】**

這則故事告訴我們：有了機會就要牢牢抓住。患得患失，舉棋不定，往往會使機會白白溜走，到頭來只能後悔莫及。生活中，我們必須用心把握好事情的分寸和尺度，做到「該出手時就出手」，才會大獲全勝。

哲理 3

# 繞道而行的哲學

生活中，很多事情需要通過繞道而行來解決。
不懂得此理的人常常碰得頭破血流；
而懂得繞道而行的人，
往往是第一個登上山峰的人。

哲理點燈

我們常看見那些迷路的蜻蜓在房間裏拚命地飛向玻璃窗，打算到那海闊天空的地方，牠撞到玻璃上，必須在上面掙扎好久，才恢復神智。然後牠在房裏繞上一圈，再鼓起勇氣，仍然朝玻璃窗上飛去，當然，牠還是「碰壁而回」。其實，旁邊的門是開著的，只因那邊看起來沒有這邊亮，牠就不想去試試那個門。

我們有時為了達到目的，不能不換一個方向。否則，你就只好永遠在嘗試與失敗之間兜圈子，直到你完全折羽而歸。

百折不回的精神固然可敬，但如果這裏雖然望得見目標，而前面卻是一片陡峭的山壁，沒有可以攀援的路徑時，我們也只好換一個方向，繞道而行。為了達到目標，暫時繞道走一走與理想相背馳的路，有時卻正是智慧的表現。事實上，人生旅途中是沒有幾條便捷的直達路徑可走的。我們時常必須把目標放在背後，而耐心地去做披荊斬棘、鋪路修橋的工作，在嘗試很多條看來非常晦暗無望的道路之後，才發現距離目標近了一點。只要我們記住了方向，就算繞道多繞幾個圈子，也並不算錯誤。

法國作家勒農說：「你不要著急！我們所走的路是一條盤旋曲折的山路，要拐許多彎，繞許多圈子，時常我們覺得好似背向著目標，其實，我們總是越來越接近目標。」

故事開智

## 故事1

# 巧於婉言的光勞利

光勞利是紐約一家木材公司的推銷員，他多年與那些冷酷無情的木材審察員打交道，常常發生口舌，雖然最後的結果往往是他贏，但公司卻總是賠錢。為此，他改變策略，不再同別人發生口角。結果呢？下面是他講的一段經歷：

有天早上他辦公室的電話鈴響了，一個人急躁不安地在電話裏通知他說，光勞利給他的工廠運去的一車木材都不合格，他們已停止卸貨，要求光勞利立即把貨從他們的貨場運回去。原來在木材卸下四分之一時，他們的木材審察員報告說這批木材低於標準的一半，鑒於這種情況，他們拒絕接受木材。光勞利立刻動身向那家工廠趕去，一路上想著怎樣才能最妥當地應付這種局面。

通常，在這情況下，他一定會找來鑒別木材層次的標準據理力爭，根據自己作了多年木材審察員的經驗與知識，力圖使對方相信這些木材達到了標準，錯的是對方。

然而這次他決定改變做法，打算用新近學會的「說話」原則去處理問題。

光勞利趕到場地，看見對方的採購員和審察員一副揶揄神態，擺開架勢準備吵架。

光勞利陪他們一起走到卸了一部分的貨車旁，詢問他們是否可以繼續卸貨，這樣，光勞利可以看一下情況到底怎樣。光勞利還讓審察員像剛才那樣把要退的木材堆在一邊，把合格的堆在另一邊。

看了一會兒，光勞利就發現，對方審察得過分嚴格，判錯了標準。因為這種木材是白松。而審察員對硬木很內行，卻不懂白松木。白松木恰好是光勞利的專長。不過，光勞利一點也沒有表示反對他的木材分類方式。光勞利一邊觀察，一邊問幾個問題。

光勞利提問時顯得非常友好、合作，並說他們完全有權把不合格的木材挑出來。這樣一來，審察員變得熱情起來，他們之間的緊張開始消除。漸漸地，審察員整個態度變了，他終於承認自己對白松毫無經驗，開始對每一塊木料重新審察並虛心徵求光勞利的看法。

結果是他們接受了全部木材，光勞利拿到了全額的支票。

**【人生感悟】**

現實生活中，不少人一聽到批評，馬上就會聯想到緊張的氣氛和不愉快。但婉言卻能使批評在輕鬆愉快中進行，收到「直言」所收不到的效果。

## 故事2

# 繞道而行，終獲成功

一天，美國西西里投資公司到中國尋求合作對象。從上午九點開始，美國人先後與多家企業談判，輪到這家國營企業時，已經是下午四點多了。經過一天的談判，美國人已經相當疲憊，根本無心再談，何況談判對象是一個只有兩百多人的小小的國營企業。

果然，一開始，談判就陷入僵局，西西里公司董事長柯比先生對廠長說：「今天太晚了，明天再談吧。」

廠長意識到，如果此時退出，就意味著永遠失去機會，因為所謂的「明天再談」不過是托詞。

廠長站起來說：「柯比先生，你不遠萬里來到中國，的確很忙，但是，我們也很忙，請你允許我再佔用你十分鐘時間，行嗎？」

柯比點了點頭。

廠長說：「我只說四個問題，其中三個是我們可以不與你們合作的理由。第一，與你談判的廠家，大都想通過與你們合作得到資金，可我們不這麼想，我們企業每年上交兩百五十萬元稅金，完全可以養活自己。如果其他投入需要資金，我們可以向銀行貸款，付出利息就行了；如果與你們合作，就必須利潤分成，這對我們明顯不利。第二，別的企業想通過與你們合作得到政府給予的優惠政策，可我們不這麼想，我們是國營企業，國家已經給予了很多優惠政策，與你們合作，未必能獲得更多的好處。第三，別的企業與你們合作，還想得到你們的先進技術和設備，可我們不這麼想，我們的技術是經大學科研人員開發出來的，目前處於世界一流，在設備和操作方面，我們也不擔心。」

在聽廠長講述的過程中，幾位美國人不斷點頭，在聽完三條可以不合作的理由後，美國人的表情已經是驚訝了，因為前面的談判者都是口口聲聲說要合作的理由，這位廠長卻大談不合作的理由。

廠長繼續說：「當然，如果我不想與你們合作，根本就不會坐在這裏了。實話實說，我們廠生產的產品，是高科技的東西，安全可靠，開發前景十分廣闊。而貴公司技術先進，佔有很大的市場，如果我們兩家合作開發這種產品，利用你們公司的巨大影響開發市場，這樣，不但可以發展我們的企業，貴公司也會獲取巨額利潤。」

柯比先生聽到這裏，脫口而出：「OK！OK！」

**【人生感悟】**

廠長獲得成功的奧秘就在於繞道而行。他沒有像其他談判者那樣直奔主題，說出合作的理由，而是繞了一個彎子，先說出不合作的理由，最後才回到主題。很多時候我們必須繞道而行，因為沒有人可以一帆風順地取得巨大成功。

## 故事3 晏子智勸齊景公

春秋時代的齊景公，是歷史上相當有名的一位明主。當朝的宰相，便是史上聲名卓越的政治家晏子。

一日，有人得罪了齊景公。

景公在盛怒之下，把這人抓來綁在大殿裏，並吩咐屬下把這個人手腳四肢一節節地當場肢解。為了防止臣下阻撓，景公還說，如果有人敢勸阻，便也要一併接受酷刑。

這時候，晏子走了出來，戲劇性地一手揪住受刑人的頭髮，另一手則作勢磨刀，做出馬上要替皇上殺人洩憤的樣子。

他並且仰頭問齊景公：

「皇上，我想了想，發現歷史上好像沒有記載堯、舜、禹、湯等明君聖主，當他們要肢解殺人的時候，該從哪一部分開始砍起來才好？」

齊景公聽了晏子的話，馬上警覺了起來。

他意識到，他想做個明君，又怎能用這樣殘酷的手法殺人呢？

當下就把這人寬恕了。

**【人生感悟】**

當一個人的尊嚴受到威脅的時候，他很難跟你合作。但是，如果你在與他人交往時給對方留足了面子，即使是批評的話，他也比較容易接受。在人際往來中，許多人常常會標榜自己是個「直腸子」，凡事有話直說。但許多時候，人與人之間言語的交流，卻常是「曲則全」，有話直說反而是最不可行的。

哲理 4

# 能控制情緒才是高手

生活中，面對不同的環境，不同的對手，
有時候採用何種手段已不太關鍵，
而如何保持好自己的情緒
才至關重要。

哲理點燈

每個人都有自己的情緒，而情緒是一種很難掌握的東西，有時滑溜得讓人捉摸不到，但是，不管怎麼滑溜，你都要想辦法將它捏得緊緊的。因為這關係到你能否在社會上遊刃有餘地生存。

有許多人能把情緒收放自如，這個時候，情緒已不僅是一種感情上的表達，而且成了攻防中作用的武器。

有時候，掌控不住情緒，不管不顧發洩一通，結果搞得場面十分難堪。生活中，每個人都難免會碰到這種擦槍走火的狀況。但是，聰明人有將不良的情緒馬上收回來的本事。

自古以來，評價人的標準，只要看一個人的涵養和行事的風格，就知是否可以成為可塑之才，是否有大將之風。因此要成為人上人，除了常識與能力之外，全視其能否將情緒操控得當。

一個人的涵養來源於他的修養，有修養之人都懂得控制情緒。遇事不能冷靜，並且以某種極端手段處之的人，決不是一個有修養的人。

情緒處理得好，可以將阻力化為助力，幫你解危化險、政通人和。情緒若處理得不好，便容易失去控制，產生一些非理性的言行舉止，輕則誤事受挫，重則毀了一生。

故事開智

## 故事 1 韓信甘受胯下之辱

韓信自幼家貧，衣食無著，往往寄食於人家。他曾和亭長很要好，經常到亭長家裏去吃飯，次數多了，也就惹得亭長的妻子厭煩。他來到淮陰城下，臨水釣魚，有時運氣不佳，只好空腹度日。

一日，正巧有一個臨水漂絮的老婦人，見韓信餓得可憐，便將飯食分一些給韓信吃。

韓信非常感激地對老婦人說：「他日發跡，定當厚報。」

誰知老婦人竟含怒訓斥韓信說：「大丈夫不能自謀生路，反受困頓。我不忍你挨餓，才給你幾頓飯吃，難道誰還望你報答不成！」說完，老婦人竟拿起漂絮而去。

韓信窮得無法，只得把家傳的寶劍拿出叫賣，賣了多日，竟賣不出去。

一天，他正把寶劍掛在腰中，沿街遊蕩，忽然遇到幾個地痞。有個地痞有意給他難堪，嘲笑他說：「看你身材高大，卻是十分懦弱。你若有種，就拿劍來刺我，若是不敢刺，就從我的胯下鑽過去。」說完，雙腿一叉，站在街心，擋住了韓信的去路。

韓信打量了一會兒地痞，就爬在地上，徑直鑽了過去。別人都恥笑韓信懦弱，他卻不以為然。

後來，韓信跟劉邦南征北戰，屢建奇功，終於功成名就。

**【人生感悟】**

其實，韓信絕非不敢刺地痞，只是因為他胸懷大志，不願與小人多生是非。古來成大事者，大多能夠忍辱負重，因為他們明白該低頭時需低頭，他們明白自己的價值。

## 故事2

# 李淵忍辱待機，終成大業

隋朝的時候，隋煬帝十分殘暴，各地農民起義風起雲湧，隋朝的許多官員也紛紛倒戈，轉向幫助農民起義軍，因此，隋煬帝疑心很重，對朝中大臣，尤其是外藩重臣，更是易起疑心。

唐國公李淵（即唐太祖）曾多次擔任中央和地方官，所到之處，悉心結納當地的英雄豪傑，多方樹立恩德，因而聲望很高，許多人都來歸附。這樣，大家都替他擔心，怕他遭到隋煬帝的猜忌。

正在這時，隋煬帝下詔讓李淵到他的行宮去晉見。李淵因病未能前往，隋煬帝很不高興，多少產生了猜疑之心。

當時，李淵的外甥女王氏是隋煬帝的妃子，隋煬帝向她問起李淵未來朝見的原因，王氏回答說是因為病了，隋煬帝又問道：「會死嗎？」

王氏把這消息傳給了李淵，李淵更加謹慎起來，他知道自己遲早為隋煬帝所不容，但過早起事又力量不足，只好隱忍等待。

於是，他故意敗壞自己的名聲，整天沉湎於聲色犬馬之中，而且大肆張揚。隋煬帝聽到這些，果然放鬆了對他的警惕。

這樣，才有後來的太原起兵和大唐帝國的建立。

**【人生感悟】**

克制，乃為人的一大智慧，它有助於人們在攀登理想境界的征途中，消除情感世界不可避免的潛在危機。因而，對於一個成功的開拓者來說，它既是實現成功目標的保證，又是取得更大成功的起點。

# 交友的哲理——廣交良友，貴在知心

朋友越多，
人生的路就越寬廣，
因此應該多交朋友；
但交友時卻要千萬謹慎，
因為一旦誤交了小人，
將可能會使你的事業血本無歸。

——（德）大衛・赫爾德

朋友多雖然好，
但一定要掌握交友的藝術，
否則，你的朋友都不會長久。

——（英）傑佛瑞・喬叟

中國人歷來注重交友，「有朋自遠方來，不以樂乎」。悠久的歷史傳統造就了中國人講人情、重關係的習性。在日常生活中，有了好的人際關係，才會使你求人辦事如魚得水，工作事業一帆風順。

在當今競爭激烈的社會中，僅憑一己之力打天下，很難獲得成功。「多個朋友，多條路」，許多成功者的經歷證明：一個人的成功，離不開眾多朋友的支持和幫助。善於結交朋友的人，不僅到處受歡迎，而且遇事有人幫，辦事處處通。不知不覺中，增加了成功的機率。

交友辦事是一門學問，日常生活中我們不難發現，有的人有許多朋友，有的人卻很少有朋友；有的人能交上好朋友，在學習、工作和生活中處處得到朋友的幫助；有的人卻交上了壞朋友，將他引上了生活的歧途；有的人平時朋友遍天下，可有事需要幫助時，卻沒有一個出頭；而有的人朋友不多，需要時卻個個都鼎力相助……究其原因，是會不會交朋友的問題。

面對複雜的人性，交朋友要根據對方的具體情況，冷靜客觀地調整和他們的交往方式。可深交的，就和他分享你的一切；不可深交的，維持基本的禮貌就可以了。

只有掌握交朋友的技巧，你才能在關鍵時刻有可依賴的朋友，才不會有「人到用時方恨少」的遺憾。

哲理 1

# 做足人情
# 才能廣交朋友

在別人最困難的時候，
你能想別人之所想，急別人之所急，
伸出你的援助之手，
這樣最能贏得他人的心。

哲理點燈

在許多人的心目中，人生如戰場，充滿著爾虞我詐、你死我活的鬥爭，根本談不上什麼友誼和朋友。其實不然，要想在商場上不被淘汰，你就必須懂得廣交朋友，善於用「情」，它會給你帶來意想不到的收穫。

人心都是肉長的，世間最能感動人的莫過於一個「情」字。人有七情六欲，沒有哪個人面對真情、熱情、豪情、激情而無動於衷，毫不動心，除非他是個冷血動物。

說話辦事以情感開道，無疑是抓住了打動人心這個極為有效的敲門磚。情感的力量是巨大的，只要一個人付出、投入了真情，就能贏得真情的回報，就能喚起他人的同情之心，就能使「話」說得入耳入心，讓「事」辦得合情合理。這是一種以感情投資開道來打動人心的辦事絕活。

所謂「感情投資」，說簡單點，就是在生意之外多了一層相知和溝通，能夠在人情世故上多一份關心，多一份相助。即使遇到不順當的情況，也能夠相互體諒，「生意不成人情在」。

這種情況往往有多種表現。一種是自然形成的。你在生意場上遇到了相互很投緣的人，有了成功的合作，感情也自然融洽起來，這就是我們常說的「有緣」的人。有緣自然有情，關係好的時候，互相付出自然不在話下。問題在於如何保護和持續這種關係，繼續愛護它、增進它，使其長長久久。

故事開智

## 故事1

# 李兆基重情讓利

一九八八年的一天，香港恆基集團建築部的經理偶然向香港富豪李兆基提及，說承接恆基集團一項工程的承包商要求他們補發一筆酬金，遭建築部的拒絕。

李兆基便問：「那個承包商為什麼要出爾反爾呢？一定有他的原因吧？」

「是的。」建築部的人回答：「他說他當初落標時計算錯了數字，直到如今結賬時，才發覺做了一筆虧本生意。」

本來，這樁買賣是簽了合同的，有法律保障，大可不必對此進行處理。李兆基卻說：

「在市道好時，人人賺到錢，惟獨他吃虧，也是夠可憐的。法律不外乎人情，他是我們的長期合作夥伴，反正這個案子我們有錢賺，就補回那筆錢給他，皆大歡喜吧！」

李兆基之所以能成為億萬富翁，做出那麼大的局面，這與他注重友情有著十分重要的關係。

凡跟李兆基工作過的人都對他讚不絕口，認為他是最照顧夥伴利益的好老闆。

為了取得同事的精誠合作，李兆基總給幾位左右手一些機會，讓他們注股於一些十拿九穩的房地產計畫上，讓他們能賺到比薪金多幾倍的利潤，使同事分享業務的盈利，感受做生意的樂趣。

有一次，李兆基拿出某地產項目的百分之十五讓身邊的五位好夥計加股，結果，有一人沒那麼多錢，只好把股份放棄了百分之二。李兆基知道了這件事，在問明原委之後，對他說：

「這樣吧，我把我名下的百分之二股份讓給你，股本暫時你欠我的，將來賺到錢，你再償還給我吧！」

對下屬，李兆基同樣是善用人情，巧妙關懷，扶危濟急，贏得一片忠心和無限感激。

有一次，李兆基身邊一位任事多年的下屬因自己炒樓炒股失敗，血本無歸，又被證券行追討，搞得欲哭無淚，走投無路。李兆基知道了這件事，也不等對方開口，馬上叫來會計，囑咐說：「替他補上吧。」

當時李兆基的恆基集團也欠下銀行很多的債務，可以說是自顧不暇，而市場又不景氣。會計便忍不住問了句：「在這個時候幫他嗎？」

李兆基說：「就是這個時候，我不幫他，還會有誰幫他？」

這一做法自然是讓那位下屬感激涕零，做起工作來更加勤懇賣力了。

**【人生感悟】**

交友馭人最有奇效、最顯手段之高超的，當屬操縱人情，讓對方先欠下人情，日後他人必全力回報。這無疑是求人辦事的最高境界，熟練運用可使你路路暢通，辦事成功。

## 故事2 魯肅仗義送糧

三國爭霸之前，周瑜在袁術手下為官，做一個小縣的縣令。

這時候，地方上發生了饑荒，百姓沒有糧食吃，活活餓死了不少人，士兵們也餓得失去了戰鬥力。周瑜作為父母官，看到這悲慘情形急得心慌意亂，不知如何是好。

周瑜聽說附近有個樂善好施的財主魯肅，就登門去借。兩人寒暄一陣。周瑜就直接說：「不瞞老兄，小弟此次造訪，是想借點糧食。」

魯肅聽後哈哈大笑：「此乃區區小事，我答應就是。」

魯肅親自帶周瑜去查看糧倉，這時魯家存有兩倉糧食，魯肅痛快地說：「也別提什麼借不借的，我把其中一倉送與你好了。」

周瑜及手下一聽他如此大方，都愣住了，要知道，在饑荒之年，糧食就是生命啊！魯肅可謂送了周瑜一個大人情。

魯肅做足了人情，和周瑜交上了好朋友。後來周瑜發達了，當上了將軍，他牢記魯肅的恩德，將他推薦給孫權，魯肅終於得到了大展鴻圖的機會。

「人情冷暖，世態炎涼。」趁自己有能力時，多結納些潦倒英雄，使之能為己可用，這樣的發展才會無窮。

**【人生感悟】**

對朋友的情感投資，最忌諱的是講近利，因為這樣就成了一種買賣，說難聽點更是種賄賂。如果對方是講骨氣之人，更會感到不高興，即使勉強接受，並不以為然，日後就算回報，也是得半斤還八兩，沒什麼好處可言。

哲理 2

# 學會與不同的人交朋友

在日常生活中，交友辦事先要看清對象，
並學會與不同的人交朋友。
對不同的人運用不同的交往之道，
隨機應變，才能事事順利。

## 哲理點燈

人活在世界上，免不了要跟各種各樣的人打交道，無論身處偏僻的鄉村，還是安身於繁華的都市，無論是在工廠、企業、公司，還是學校、醫院、商店，都是活生生的人來人往的世界。這個世界是多姿多彩的，又是千差萬別的。

處在這個紛繁複雜的世界中的人也是各種各樣的，他們性格不一、志趣相異，他們或者由於工作需要，或者為了某種目的，發生著或大或小、或親或疏的關係，由此形成了大大小小、各式各樣的群體、組織、團體等。

當你進入這個社會，你需要學會與各種不同的人交往，在不同的人中結交朋友。多一個朋友，多一條路，多一份人緣，少一份煩惱。

生活是個大舞臺，你我他都扮演著不同的角色，又不停地變換著角色，各個角色之間時刻進行著各式各樣的人際交往。學會與不同的人交朋友、結識眾多的好人緣，就等於建設了一張廣大而伸縮自如的關係網，用這張網，你可以活得輕鬆自在，瀟灑自如，塑造一個完美的人生。

故事開智

## 故事1

# 用情感征服上司

小馮為人熱情大方，很善於與各種各樣的人打交道。在調到一個新的工作單位後，他首先想到的是如何贏得上司的好感和賞識。在做了一番調查後，他得知上司為人保守，就毅然捨棄了長髮、牛仔褲等時髦裝束，而以較為正統的形象出現在上司面前。

在初步贏得上司的好感後，小馮就充分發揮自己熱情、樂於助人、慷慨大方的優點，主動與上司交往，建立朋友般的友誼。小馮並不是經常圍著上司轉，而是設法去順應上司的性格特點。

他的上司有一個最大的愛好——打乒乓球，於是，他就苦練了一段時間的球技，然後頻頻在上司常去的一家俱樂部露面，並每次都是和上司一起對陣、切磋球技，在球來球往中，這個上司與小馮成了一對好朋友。

經過一番交往，小馮出色地把自己推薦給上司，上司也瞭解到了小馮身上的許多優點和才幹。小馮與上司交上了朋友，從而贏得了事業上的成功。

**【人生感悟】**

在與上司聯絡感情時，要摸清上司的性格特點和其興趣愛好，以便迅速贏得上司的好感，建立起一定的感情。在此基礎上，上司才會有興趣深入瞭解和考慮你的才幹，並使你「英雄有用武之地」。

## 故事2 善待下屬的老闆

有一家日資企業。

一天，各部門接到電話，下班之後在貴賓廳召開職工大會。有些人感到很納悶，為什麼放著會議室不去，而是去貴賓廳開會。因為在員工們的眼裏，日本人很機靈，甚至有人議論說：「老闆又在搞什麼小把戲？」

當全廠人陸陸續續地走進貴賓廳時，眼前的一切簡直把他們驚呆了。只見每張桌子上擺滿了水果、飲料等各類食品。尤其是一名六十歲的老警衛看到眼前的一切，以為走錯了地方，正要離開時碰上了老闆，老闆一看他要走，便畢恭畢敬地把他請了回來。

老闆走上講臺，恭恭敬敬地向大家行禮，說：「今天，把大夥召集起來，同大夥開一個聊天會。大家可以暢所欲言，提問題、講困難，提意見或建議，說工廠的、家裏的事都可以。」

人們看到老闆不時地往工人手裏塞蘋果，倒飲料，並微笑著同大夥打招呼，便積極地為工廠出謀劃策。

老警衛激動地說：「我這一輩子還是第一次開這樣的會。一個看門的，本來就是在廠門口的，再踢一腳就出門了。老闆看得起我們，我這個看門的一定要好好幹，看好這個家。」

此後，全廠上下一條心，工人們幹活也更賣勁了，恨不得一天幹上廿五小時。

**【人生感悟】**

人心都是肉長的，將心比心，以心換心，只要你付出真心和真情，就會獲得下屬的擁戴，他們才會心甘情願地為你效力，下屬才會用實際行動來回報你，從而促進你在事業上的發展。

## 故事3

# 一束鮮花成交一筆生意

與客戶交朋友，不要只談買賣，不談交情，對客戶要關心、愛護和體貼，使買賣雙方不單純是一種商業關係，而是富有「人情味」的，使顧客產生一種親切感，在得到物質需求滿足的同時，還得到精神情感上的滿足。

美國有位叫瑪麗的女士，曾敘述她買轎車的經歷和感受。她想買一輛黑白相間的轎車，就去汽車行挑選。

在第一家店裏，由於推銷員沒有把她當一回事，她覺得受到了冷遇，轉身就走了。

進了第二家汽車行，推銷員對她十分熱情，向她仔細介紹各種型號汽車的性能與價格，使她感到這位推銷員是真正為她著想。當她偶然談到那天是她的生日時，這位推銷員馬上請她稍候一會兒，十五分鐘後，一位秘書拿來一束鮮花，這位推銷員把鮮花送給她，並祝她生日快樂。

當時，使她感動萬分，覺得那束鮮花的價值超過百萬美元！

於是，她毫不猶豫地購買了那位推銷員向她推薦的一輛黃色轎車，而放棄了購買黑白相間轎車的打算。

一束鮮花成了溝通買賣雙方心靈的橋梁，使商店裏充滿了友善和溫馨的氣息，使顧客不由得產生了深深的信任感，此時的買賣當然好做了。

**【人生感悟】**

碰到顧客過生日當然很偶然，但這種「人情」意識，每時每刻都應當在日常工作中表現出來。我們應該學會與所有的客戶交朋友。因為每一位客戶都有許多親朋好友，而這些親朋好友又有同樣數目的親友關係。

哲理 3

# 交友貴在知心

古人曰：

「百心不可得一人，一心可得百人。」

對待朋友，只有以心換心、將心比心，

才能得到地久天長的友誼。

哲理點燈

深入別人的心靈才能輕鬆打開封閉的大門，真正瞭解別人的內心需求和想法，給予貼心適度的關懷，才能輕鬆獲得別人積極的回應。

「交心」意味著尊重和理解對方最重要、最真實的感受。那些不能把話說到別人心窩裏的人，永遠只能游離在別人的心門之外。很多人只會談論自己，把別人「逼迫」成為自己的聽眾，他們自己說著言不由衷的話，同時也忽視了別人的個性和感受。

沒有什麼事比自己的內心得不到認知更令人惱怒的，那會讓人覺得自己無關緊要而失去價值，甚至引發敵意。

要想在茫茫人海中尋找朋友，找到知己，最最重要的是靠自己的修養和努力，靠自己內在的潛質，來展現自我素質，使自己成為一個比較容易為人欣賞的人。

這種欣賞當然包括容貌和風度，但更重要的是一個人所表現出來的品質和修養。誠實是做人的基本品質，它是人們相互信賴和友好交往的基石，每個人都喜歡和誠實正派的人打交道。

為人誠實在人際交往中可以獲得很多朋友，能營造一種和諧的人際關係，為你的生活、工作創造一種良好的環境，為事業成功打下基礎。為人誠實也就是以誠相待，說實話，辦事實在，做老實人，對朋友不可虛情假意，也不可口是心非，更不可對朋友使小聰明、壞心眼。

故事開智

## 故事 1

# 真正的朋友

詹森夫人是公司的總機接線員。第一天上班，布朗就見到了詹森夫人，她正坐在那裏編織毛衣。一個同事悄悄對布朗說：「她是有名的厲害女人，她會盯住我們的一舉一動，收發室她說了算。」他沒胡說。有天早上，布朗趕到收發室時已是八點三十二分，詹森夫人嚴肅地說：「你遲到了。」

「只晚了兩分鐘。」

「最好早到兩分鐘，養成遲到的習慣就不好了。」只要電話總機沒事，她就一邊織毛衣，一邊看著大家。休息時，她會把咖啡從休息室端到收發室來喝，還會邊織邊監督職員們的工作。午休時，她也織個不停。自從布朗買了新皮鞋以後，布朗深信她開始厭惡她了。「好漂亮的皮鞋，」詹森夫人說，她放下手中的活計，「讓我看看你的新鞋。」正如所料，看完之後她大聲說：「鞋底太滑了，這樣的地板不宜穿這種皮鞋，你會摔跟頭的。」

「我會走好的。」布朗在她的話音之後大聲回敬了她。

每天上班布朗做的第一件事，是把經理辦公室的那些熱水瓶裝滿水，並負責將它們送回辦公室。穿上新皮鞋之後沒幾天的一個早上，布朗一不留神滑了一跤，把經理的那個銀質水瓶摔碎了。布朗嚇壞了，慌忙跑回收發室，讓同伴出個主意。「你幹的好事！」詹森夫人說，「馬上直接去見總經理，告訴他你幹了什麼。」

「我會被解雇的。」布朗喘息道。

「也許會，也許不會。」詹森夫人說，「你得正視自己犯的錯誤。」

穿著那雙該死的皮鞋，布朗站在經理面前，渾身發抖。經理聽完他的訴說後，平靜地說：「我是該換個新水瓶了。」布朗興奮起來：「詹森夫人想要坑我，沒門。」此後，布朗腦子裏經常想起這件事，所以當他聽說選去銀行做存取業務的人是他時，深感意外。「我會盡力而為的。」布朗發誓說。會計部主任微笑著說：「是詹森夫人推薦你的，她認為你有責任心，能幹好工作。」

「誰？詹森夫人？」布朗有點吃驚。

耶誕節到來時，布朗終於對詹森夫人的看法全部改觀。她給他們每人一件禮物。「打開看看。」她笑著說。裏面是一件漂亮的菱形圖案手編毛衣，這時布朗和其他的同事才明白，原來她天天是在為他們織毛衣。布朗一直以為她跟他們過不去，如今他明白，她只是把他們往正道上引，為了他們好。她是個真正的朋友。他流著淚套上毛衣，語無倫次地說著謝謝。耶誕節過後第一天上班，布朗一大早便來到公司，把一束美麗的鮮花擺在詹森夫人的總機櫃台上，他想讓她也驚喜一下。這一次，詹森夫人熱淚盈眶了。

**【人生感悟】**

這個故事告訴我們：生活中給你微笑，說你好話，為你掩護的人，並不一定是你的朋友。相反，不時指出你的缺點，給你提醒、引導或在背後默默地為你工作的人，才是你真正的朋友。因為，這種人真正將你放在了心裏，對你的得失利益真正關心。所以交朋友要交這樣的人，若想獲得更多朋友就更應如此。

## 故事2

# 一對生死與共的朋友

內華達州的卡頓和朋友拉奇去攀登一座峭壁。上山時，天氣非常晴朗，可下山時，天氣突然驟變，零下的氣溫將霧結成霜雪，使陡峭的岩壁更加滑不留足。兩個人用登山繩相連，分別敲開岩壁上的堅冰，然後再打入鋼釘，艱難地下山。突然，拉奇的鋼釘鬆脫了，手腳從無法攀援的冰壁上滑開，墜了下去，所幸的是身上的繩子與卡頓牢牢地連在一起，使他沒有直接摔下峭壁，而是吊在了半空中。卡頓盡一切力量救他，但是垂直的岩壁上沒有絲毫可以借力的東西，而有限的鋼釘，更因為拉奇下墜而造成重量增加，隨時都有滑脫的可能。

「你不可能救得了我，把繩子割斷吧！」懸掛在半空中的拉奇聲嘶力竭地叫著。

「與其一個摔死，還不如我們一塊死，否則我會痛苦一輩子的。親愛的拉奇，挺住，我一定會讓你順利下山的，請相信我吧！」卡頓仍然安慰著拉奇。

卡頓沒有放鬆每一次能夠讓朋友安全返回地面的機會，小心謹慎地一步步地往山下滑去。死神一直在跟隨著他們。如果一旦失手，很可能造成雙亡。但卡頓始終以一個朋友的信念，儘量把拉奇的生命從死神手裏奪回來。

卡頓數著：「五十米、四十米、三十米、二……」沒等卡頓說出下一個數字，只見他整個身子像騰雲駕霧似地往下墜。

卡頓和拉奇只有聽從上帝的安排了。

當拉奇微微睜開雙眼時，發現自己被吊在一根樹枝上，全身感到非常疼痛，鮮血佈滿了全身，他非常艱難地順著樹幹滑向地面，就在離他不到五米的地方，卡頓靜靜地躺在那裏，手裏仍然攥著登山繩。

**【人生感悟】**

這就是朋友，一對生死與共的朋友。

在我們的現實生活中，擁有真心朋友真的不容易，像卡頓和拉奇這樣生死與共的朋友更難得。如果你有了這樣的朋友，一定要珍視這種友誼。

哲理

# 4

# 學會聆聽朋友的話

要學會聆聽朋友的話，
聽出弦外之音，言外之意。
當你向朋友傾訴或發表議論時，
同樣也要注意對方的反應，
注意察言觀色。

**哲理點燈**

有的朋友在談話中常常提及「我」、「我的」這幾個字眼，說明他可能是一個自私的人。

一個心理學家說：「如果一個人的汽車出了故障，他就會常常提到它。同樣，一個人有了心病，那他也會經常提起的。」只有他的話中「我們」的次數增加，你才可能與他發展友誼。

如果一個朋友經常提到那些不擇手段的成功者，並且眼中露出羡慕之色，尤其津津樂道其手段的果斷和殘忍，他可能也是一個陰謀家，必要時，他不會顧及你們的友誼，會一腳把你踩在腳下。

你去請求朋友幫忙辦事，而他始終不正面回答你，躲躲閃閃，「顧左右而言他」，那就已經說明他不準備幫助你，你就不要在他那裏耽誤時間了。

你和朋友商談一件重要的事，他不公開稱讚你的想法，而是說：「當然可以，但是……」這說明他不支持你的想法，甚至反對，只是礙於你的情面，不好意思直說出來。

比如，你在路上遇到一個朋友，你問朋友：「你上哪呀？」

朋友答：「到那邊。」

如果你又問：「幹什麼去？」

朋友答：「辦點事。」

朋友的話根本沒涉及到正題，只是含糊應答，如果你會聽的話，就要意識到朋友不願講出來，就不要再追問。聽不出朋友的言外之意，打破砂鍋問到底會令朋友生氣的。

留神朋友的言外之意。

善於聆聽既可以避免傷害你與朋友的關係，方便辦事，還可以幫助你瞭解朋友的內心，避免傷害自己。

從朋友的談話中，善於聽弦外之音、言外之意，這對你與朋友的交往很有幫助。

故事開智

## 故事1

# 愚鈍的主編

王主編約陳教授為刊物寫一篇稿子，恰巧王主編的刊物辦座談會，他也邀請了陳教授。

陳教授剛進會場，王主編就衝了過去：「太好了！太好了！我一直在等您的稿子。」

「糟糕！」陳教授一拍腦袋：「抱歉！抱歉！我留在桌子上，忘記帶了。」又拍拍王主編的肩膀：「明天，明天上午，你派人來拿，好吧？」

「沒關係！」王主編一笑：「也不必等明天，我等會兒開車送您回去，順便拿。」

陳教授一怔，也笑笑：「可惜我等會兒不直接回家，還是明天吧！」

座談會結束後，送走了學者、專家，王主編到停車場開車回家。轉過街角，他看見陳教授和賀律師在等計程車。

王主編搖下車窗熱心地問：「到哪兒去呀？」

賀律師說：「陪陳教授回家。」

王主編一聽，就停下車將陳教授和賀律師拉上車。

王主編邊開車邊說：「我送您回家，順便拿稿子。」

「我家巷子小，尤其假日停滿車，不容易進去。」陳教授拍拍王主編：「您還是把我們放在巷口，我明天上午叫女兒把稿子給您送去，她也順路。」

誰知王主編說自己更順路，一定要去。

王主編硬是轉過小巷子，一點一點往裏擠，開到陳教授的家門口。

「我還得找呢！這巷子不好停車。」陳教授說。

「沒問題，您不是說放在桌子上嗎？」正說著，後面的車大按喇叭催促。

「您還是別等了吧！」

陳教授拍著車窗：「告訴您實話，我還沒寫完呢……」

陳教授再三找藉口推辭，王主編居然沒有聽出陳教授「我還沒有寫完呢」這言外之意，結果弄得兩人都不愉快。

**【人生感悟】**

俗話說：「說話聽聲，鑼鼓聽音」，指的就是聽出言外之意。通常除了說話以外，一個眼神、一個表情、一個動作都可能在特定的語境中表達出明確的意思，就是同一句話也可以聽出其弦外之言、言外之意。在與人交談中，我們需要留意他人的言外之意。

## 故事2

# 不受歡迎的人

一天晚上，艾米爾到阿爾特家去玩。

夜深了，他還沒有要走的意思，阿爾特只好耐著性子陪著。

就這樣，艾米爾一直在阿爾特家裏待著。

最後，阿爾特一看都快到午夜時分了，而艾米爾還在滔滔不絕地吹噓自己過去的戰績時，阿爾特只好打了一個哈欠，並推了一下身邊早已打瞌睡的太太說：「我們歇息去吧，如果我們不願意去休息，老是拉著客人聊天，客人怎麼好意思回去呢？」

阿爾特的話相當含蓄，只可惜艾米爾不會察言觀色，不知道應該早點告辭，最終成了一個不受歡迎的人。

**【人生感悟】**

當同事垂頭喪氣地從上司辦公室裏出來時，你最佳的做法是走過去，輕輕地拍拍他的肩，在行動中給予他力量、支持、鼓勵。假如你這樣做了，你的同事不但會在心裏感激你，還會視你為知己。

## 故事2

# 聽清言外之意，別讓朋友傷了你

畢卡索有一陣子常常往勃拉克的畫室跑，他們形影不離，大家都覺得這是一對老朋友。再說，立體主義又是他們倆一起搞出來的。有一天，勃拉克很沮喪地說，他把一幅畫作壞了，許多見到這幅畫的人都皺起了眉頭。

「真想毀掉這件敗筆之作，」勃拉克這樣嘀咕。

「別，別毀了它，」畢卡索瞇著眼睛，在那幅畫前踱來踱去，倒像發現了傑作似的大聲稱讚個不停：「這幅畫真是棒極了！」勃拉克有點將信將疑。的確，在那個年頭，好的和壞的都攪在一起，是傑作還是垃圾畫自己也分辨不清。

「真的很棒嗎？」勃拉克問。

「當然，沒問題，」畢卡索認真誠懇地回答。「你把它送給我吧，我用我的作品與你交換，如何？」

於是，畢卡索回贈勃拉克一幅畫，換回了勃拉克差點要扔掉的「傑作」。

幾天以後，有一位朋友去勃拉克的畫室，他們都看到了畢卡索的那幅畫，它掛在房間裏十分引人注目。

勃拉克感動地說：「這就是畢卡索的作品。他送給我的，你們瞧，它真是美極了！」

差不多同一天，還是這些人，也去了畢卡索的家。他們一眼就看見了勃拉克的「傑作」，當他們睜大兩眼迷惑不解的時候，畢卡索開始說話了：「你們看看，這就是勃拉克，勃拉克畫的就是這東西！」

畢卡索的言外之意是：「勃拉克的畫真是太差了，怎能跟我的畫相比呢？」

**【人生感悟】**

不要認為只有普通的人才會欺騙和利用朋友，其實即使是名人也可能這樣。為了自己的私利，甚至虛榮，誰也可能做出有害朋友的事情。細心的你可以發現：畢卡索在假惺惺騙取朋友的「物證」，以便毫不留情地在背後攻擊朋友。生活中背叛你的朋友也可能會像畢卡索一樣。

哲理 5

# 與朋友交往注意分寸

朋友，是生活中很重要的組成部分。
親密無間，是朋友的最高境界。
但是如果過從甚密，完全不分彼此，
沒有分寸，倒是容易破壞這份交情。

## 哲理點燈

俗話說，近處無風景。朋友間相距甚近時，總會有摩擦、煩惱、分歧，甚至還可能有厭倦。

相處太緊密，弱點、劣性無一漏網，淋漓盡致地展現，這樣下去也可能會造成難以相處的局面。

英國的湯姆生博士說過這樣的一個故事：

在一個寒冷的冬天，兩隻豪豬饑寒交迫，就要死去。牠們為了暖暖身子，相互依偎在一起。可是第一次由於靠得過近，各自身上的刺扎進對方的肉中，於是，牠們打了起來。但一旦分開，就又冷得要死，所以又不得不再次依偎在一起。

在這樣的幾次反覆中，牠們終於發現了能相互感受到對方體溫又不挨扎的合適的距離。

無論你是否意識到，人際關係中也存在著一種「豪豬距離」。也許這個比喻很不恰當，但我們在生活中體驗到的一個事實是：

人際交往一旦逾越了某種距離，不僅談不到交際的成功，甚至會互相傷害，反目成仇。

兩個人，由於有相同的志向和興趣，或有相似的經歷和感受，成了朋友。與他人相比，朋友之間要顯得親近許多，所謂的「豪豬距離」也比他人要短一些。但是，即使是摯友，彼此之間也要有一定的距離存在，否則，必然會傷害到朋友或者自己。

故事開智

## 故事1 阿華的煩惱

阿華新婚不久，她的朋友阿芬要來台北度假。

「有朋自遠方來」自然是一件快事。分別好幾年了，阿華十分想念昔日的知心朋友。阿芬到台北後，因在台北沒有親戚，阿華便熱情地邀請她住在自己家，阿芬也沒有推辭。

台北寸土寸金已不是什麼新鮮事，阿華夫婦結婚時，新屋尚未完工，公司便騰出一間宿舍給他們作了新房。阿芬一來，阿華的丈夫只好打起了游擊戰，東家借宿一晚，辦公室裏湊合一夜。

開始時並不覺得什麼，只要妻子高興，自己寧願受一些委屈。可時間一長，晚上休息不好，更談不上與新婚的妻子共度良宵了，煩躁與不安便漸漸顯露出來。白天上班要考慮今晚在哪兒過夜，工作也受到一定的影響。

阿芬對此卻渾然不覺，不是要阿華陪她遊玩，就是拉阿華一道上街採購衣物。阿華看著日漸消瘦的丈夫，又是著急又是心疼，便後悔當初不該留阿芬來家住。

為了撫慰丈夫，她便以工作忙等為藉口，不再一天到晚陪著阿芬。這一來，阿芬又覺得心裏很彆扭。

最後，阿芬與阿華不歡而散，彼此再也難以找到友好相處的感覺了。

**【人生感悟】**

朋友畢竟是朋友，朋友是不能代替家人的，和朋友親近一定要注意距離，不要讓朋友擠走了家人的位置。

故事2

# 一對好朋友的反唇相譏

湯姆和喬治原來是很好的同事和朋友，可是最近卻關係緊張，大有「割袍斷義」之勢。

不明真相的人以為他們之間肯定是發生了天大的事情，否則形影相隨的兩個人絕不致於搞成這個樣子。

可事實上，並沒有那麼嚴重，他們只是為了一個鈕扣而已，一顆最多價值幾分錢的鈕扣。

喬治新買了一套非常滿意的高檔西服，卻剛穿不到一周就丟了一顆關鍵部位的鈕扣，惋惜之餘，偶然發現整日在洗手間的那件不知是哪位清潔工的工作服上的扣子，與自己丟失的鈕扣簡直如出一轍，遂乘人不備，悄悄地扯下了一顆，打算縫在自己的衣服上濫竽充數，並得意地將此「妙計」告訴了湯姆。

不料未出數日，多數同事都知道了喬治的這個笑料——湯姆竟然在大庭廣眾之下拿這件事跟喬治開玩笑，弄得當時在場的人都笑做一團，而喬治也終因太沒面子而惱羞成怒，反唇相譏，大揭湯姆的許多很令其丟面子的「底牌」，於是後果也就不堪設想了。

**【人生感悟】**

人，往往會自相矛盾，與人長期相處產生矛盾是正常的，過於密切的相處，矛盾會不可避免。朝夕相處的朋友，彼此瞭解得如同鏡中的自己，有時就會失去新鮮感、興奮感。同時，頻繁的交往容易使雙方產生小摩擦，以致造成更多的分歧。

哲理 6

# 交友也要謹慎

小人籠絡朋友的手段多種多樣，
常常能迷惑正人君子的眼睛，
使人把他們當成推心置腹的好朋友，
並在不知不覺中為其所利用。

哲理點燈

在現實生活中，並不是所有的朋友都是「金」，並不是所有的朋友都能靠得住。這就給我們提出了兩個值得重視的問題，一是在選擇交友對象時，一定要慎重，要識得廬山真面目。

首先要交上好的朋友，防著「小人」朋友；二是一旦我們交上了那些「弄虛作假」的冒牌朋友，絕不可藕斷絲連、當斷不斷。

很多小人專好結交社會名流，趨炎附勢，藉以謀私。

這種交情，毫無真情可言，那些禮節客套、甜言蜜語全是一些虛情假意。

更有甚者，明著一把火，暗中一把刀。

這樣的交情，還是早早斷了為好。如果只是礙於面子，不願斷交，那最終吃虧的還是你自己。

志不同道不合而斷交是正常的事情，但要做到平平靜靜地與朋友絕交也是不容易的。尤其是與小人斷交，更要小心謹慎，要淡化，時間是最有利的武器。

故事開智

## 故事1

# 酒肉朋友不可深交

元代有一齣戲劇，叫《殺狗記》。說的是有個叫孫華的人，是個糊塗蟲。他的兩個酒肉朋友誣陷他的弟弟孫榮——一個品行好、愛書如命的年輕人。孫華就把弟弟趕出了家門。孫榮只好住到城南一座破瓦窯裏，從此，他只能靠乞討度日。孫華的妻子和九十三歲的老人家費盡口舌地勸說，還是不能使孫華回心轉意，孫華的妻子只好運用「無中生有」之計，來使她丈夫覺醒。

她殺了一隻黃狗，然後，用人穿的衣服把狗的屍體包起來，天黑後，把牠放在了自家門前。糊塗蟲和酒友們暢飲之後走回家，在黑暗中，孫華絆上了血淋淋的屍體，嚇了一大跳，以為這是一具人屍。

他怕被別人告發人是他殺的，就返身去找他的兩個酒肉朋友。他們曾經答應在他困難時，用全部家產幫助他。孫華想讓他們幫著把屍體運走埋掉。可這兩個酒肉朋友一個說心口疼，一個說腰痛，最後竟當著這位可憐的朋友的面，把門一關了之。回到家裏，孫妻勸他去找弟弟幫忙。於是夫婦倆一起去找弟弟。弟弟便跟著他們回來，在深沉夜色之中，把他們以為是人的屍體抬出城外，然後把牠埋在河邊的沙灘上。這時，糊塗蟲總算認清了他的「朋友」。他向弟弟道歉，並把他接回了家中。後來，兩個酒肉朋友又想叫孫華去喝酒，但都被他一一回絕了。兩個酒肉朋友一怒之下，便去官府控告他和他弟弟殺人埋屍。

公堂之上，他的妻子為之辯護。黃狗的屍體被挖了出來，證明被告無罪。而兩個酒肉朋友卻為此受到了處罰。

**【人生感悟】**

我們交朋友千萬要謹慎，尤其那些酒肉朋友，除了吃吃喝喝的共同語言之外，其他的方面全都靠不住，不僅如此，或許還會製造機會害你。

## 故事2

# 辦公室裏沒有朋友

人們對待朋友往往是很真誠的，往往會把心裏的話說給他們聽。但是如果你交往的朋友是個「大嘴巴」的人，你將會面臨什麼樣的局面呢？

Ａ君是一個非常開朗非常坦誠的人，對朋友總是敞開心扉，無所不談，所以Ａ君的社交圈比較廣。上大學時，有一個比Ａ君低一屆的師弟，由於他們的性格、志向以及家庭等方面的情況都非常相似，因此他們成了「親密無間」的好友。

巧的是，師弟畢業後，竟然也進了Ａ君所在的單位，而且是同一個部門。Ａ君想：這下好了，「上陣父子兵，打仗親兄弟」，他和師弟一定可以攜手創造出優異的業績。

工作上的問題，Ａ君和師弟一起討論解決，複雜些的事情他們先分工，然後一起合作，經常工作到凌晨三四點。他們的精誠合作創造了優秀的工作業績，A君和師弟都受到了上司高度的重視和好評。

那天晚上，又是只有A君和師弟兩個人在辦公室和電腦螢幕打交道，又一次在規定的時間內完成了同行看來「不可能完成的任務」。時間晚了，不想回家，兩個人索性到一家酒館喝酒談心。毫無戒心的A君向師弟訴說了他打算出國深造的夢想，準備工作兩年，攢些錢再申請大學。

過了一段時間，A君意識到上司對他和師弟的嘉獎不再一視同仁，師弟明顯比自己更加受到器重。

A君開始不解，找上司談話，上司閃爍其詞，談到公司願意把進修機會更多地給那些願意在公司長期服務的員工等等。

A君開始反思，終於明白，是師弟為了超過A君，期望得到上司的器重，而向上司「彙報」了自己的私人打算，出賣了自己，使得謹慎的上司對自己的忠誠度產生了不信任，轉而信任師弟。

不久，A君在公司失去了發展的前途，黯然提出辭職，到了另一個公司。

從此A君有了一句座右銘：「辦公室裏沒有朋友。」

現在的A君學會了和別人「下棋」：在細節上保護好自己，不去深入瞭解別人，免去許多不必要的煩惱；不讓別人瞭解自己的私人生活。時時注意保護自己，話題一涉及個人就有意撇開；不再參與他人之間的互相瞭解，辦公室成了絕對的「辦公」的場所。

周圍的人也有相處得不錯的，但是A君不敢也不允許自己把私人感情加到對方身上去。

也許可能會從同事發展到朋友，但那一定是已經不在同一個單位了。

**【人生感悟】**

請記住：永遠永遠都不要推心置腹地把你的隱私告訴「嘴上無鎖」的人，否則，這就好像在你身邊埋下了一個地雷，沒爆炸的時候風平浪靜，可假如有一天爆炸了，你就徹底完蛋了。

心態的哲理——

# 達觀向上，寵辱不驚

命運降臨到人身上的一切，
都是由我們的心態所決定的。

——（英）查理斯．狄更斯

心態像一把搖椅，
它可以使你享受到悠哉的樂趣，
也可以把你摔個嘴啃地。

——（法）夏爾．戴高樂

心態即人的心理精神的狀態，其種類紛繁多樣、千姿百態。
總的說來，心態分積極和消極兩個方面。

積極的心態是人生取勝的法寶，是走向成功的關鍵；而消極的心態則是通向目標或希望的障礙。

正如一位偉人所說：

「要麼你去駕馭生命，要麼是生命駕馭你。你的心態決定誰是坐騎，誰是騎師。」

古人說得好：

「物隨心轉，境由心造，煩惱皆由心生」，說的就是：一個人有什麼樣的心態就會產生什麼樣的生活現實。

所以心態左右著人們的情感，決定著人們事業的成敗。

如果一個人從心理上對自己的能力與嚮往的目標缺乏信心，自卑迷茫，那麼即使客觀條件再好，也無法使自己獲得成功。

故而，要想改變世界，就得改變自己，改變自己的最好方法就是擁有積極的心態。

只要善於培養良好的心態、就會使生命變得歡樂、堅強，就不會被任何困難所控制、阻撓，就一定能發揮巨大的潛能，從而描繪出絢麗的人生畫卷。

哲理 1

# 心態是人生真正的主人

心態，能使人成功也能使人失敗，
所以每個人都應該警惕
因心態不佳而使自己成為失敗者。
心態的力量是神奇的，
我們要學會做心態的主人。

哲理點燈

著名作家雨果說：「世界上最浩瀚的是大海，比大海更浩瀚的是藍天，比藍天更浩翰的是人的心靈。」

我們每個人的心靈都處在不同的狀態之中。心靈的智慧和力量雖然無窮無盡，但心靈是否能發揮出力量，發揮出多大的力量，這完全取決於心靈的狀態，即心態。

我們每個人的心態都是由積極和消極這兩種狀況所構成。西方一位著名心理學家說：

「我們每個人都隨身攜帶著一種看不見的法寶，那就是我們的心靈，它的一面寫著『積極』，另一面寫著『消極』。積極心態可以使你達到人生的頂峰，消極心態則會使你一生困苦，與不幸纏身。」

這種觀點是深刻的，因為，積極的心態能充分調動出心靈的巨大能量和智慧，使你的事業、身體和婚姻等都達到一種完美的境地；相反，壞心態則阻礙了心靈能量和智慧的發揮，它會讓你像雙目失明的人一樣，四處亂撞，會讓你的人生變得黯淡無光。

然而，我們每一個人的實際心態並不能簡單地劃分為積極的和消極的兩種，而往往是積極心態中有消極的成分，而消極心態中又有積極的成分。積極心態與消極心態幾乎是一對孿生兄弟，密不可分，而我們所要做的，只不過是要掌握好彼此的分寸、控制好它們各自的比重。

人只有擁有了這樣的平衡心態，就能打開心靈寶藏的大門，心靈的巨大潛能就會被釋放出來；就能靜如止水、動如奔洪，既能夠去應對人生的一切艱難險阻，也能夠去承受人生的一切成功。

有兩位年近七十歲的老太太。

一位認為到了這個年紀可算是人生的盡頭，於是便開始料理後事；另一位卻認為一個人能做什麼事不在於年齡的大小，而在於有什麼樣的想法。於是，她在七十歲高齡之際開始學習登山，並登上了幾座還是世界上有名的山。她還以九十五歲高齡登上了日本的富士山，打破攀登此山年齡最高的紀錄。她就是著名的胡達．克魯斯老太太。

七十歲開始學習登山，這乃是一大奇蹟。

但奇蹟是人創造出來的。

成功人士的首要標誌，是思考問題的方法。一個人如果是個積極思維者，實行積極思維、喜歡接受挑戰和應對麻煩事，那他就成功了一半。

胡達·克魯斯老太太的壯舉驗證了這一點。

同一件事抱有兩種不同的心態，其結果則相反，心態決定人的命運。

為什麼有些人就是比其他的人更成功，賺更多的錢，擁有不錯的工作、良好的人際關係、健康的身體，整天快快樂樂，擁有高品質的人生，似乎他們的生活就是比別人過得好，而許多人忙忙碌碌地勞作卻只能維持生計。

其實，人與人之間並沒有多大的區別。但為什麼有許多人能夠獲得成功，能夠克服萬難去建功立業，有些人卻不行？

不少心理學專家發現，這個秘密就是人的「心態」。一位哲人說：「你的心態就是你真正的主人。」

說到底，如何看待人生、把握人生由我們自己決定。

故事開智

# 故事1 「拿破崙」的啟示

一個法國人，四十二歲了仍一事無成，他自己也認為自己簡直倒楣透了：離婚、破產、失業……他不知道自己的生存價值和人生的意義。他對自己非常不滿，變得古怪、易怒，同時又十分脆弱。

有一天，一個吉普賽人在巴黎街頭算命，他隨意一試。

吉普賽人看過他的手相之後，說：

「你是一個偉人，您很了不起！」

「什麼？」他大吃一驚，「我是個偉人，你不是在開玩笑吧?!」

吉普賽人平靜地說：「您知道您是誰嗎？」

「我是誰？」

他暗想，「是個倒楣鬼，是個窮光蛋，我是個被上天拋棄的人！」

但他仍然故作鎮靜地問：「我是誰呢？」

「您是偉人，」吉普賽人說，「您知道嗎，您是拿破崙轉世！您身體流的血、您的勇氣和智慧，都是拿破崙的啊！先生，難道您真的沒有發覺，您的面貌也很像拿破崙呀！」

「不會吧……」他遲疑地說，「我離婚了……我破產了……我失業了……我幾乎無家可歸……」

「嗨，那是您的過去，」吉普賽人說，「您的未來可不得了！如果先生您不相信，就不用給錢好了。不過，五年後，您將是法國最成功的人啊！因為您就是拿破崙的化身！」

他表面裝作極不相信地離開了，但心裏卻有了一種從未有過的偉大感覺。他對拿破崙產生了濃厚的興趣。

回家後，就想方設法找與拿破崙有關的書籍著述來學習。漸漸地，他發現周圍的環境開始改變了，朋友、家人、同事、老闆，都換了另一種眼光、另一種表情對他，事情開始順利起來。

後來他才領悟到，其實一切都沒有變，是他自己變了：他的膽魄、思維模式都在模仿拿破崙，就連走路說話都像。

十三年以後，也就是在他五十五歲的時候，他成了億萬富翁，法國赫赫有名的成功人士。

**【人生感悟】**

古人說：「哀莫大於心死。」又說：「兵強於心而不強於力。」這些都說明了心態對人生對社會對事業的極端重要性和決定性的意義。可以說，良好的心態是決定人們走向成功的關鍵所在。

## 故事1

# 不良的心態導致錯誤的行動

一位住在海濱的哲學家，一天突然產生了這樣一個想法，他想橫渡大海，去海的對岸看一看。

他是一位邏輯學家，經過冷靜地冥思苦想，他理智地歸納出了這次航海的各種不同的理由，結果發現他不應當去的理由比應當去的理由更多：他可能暈船，船很小，風暴可能危及他的生命；海盜的快艇正在海上等待著捕獲商船，如果他的船被他們捉住了，他們就會拿走他的東西，並把他當奴隸賣掉。這些理由和判斷表明他不應該作這次旅行。

然而，這位哲學家還是作了這次旅行。為什麼呢？

因為他的想法已變成了一種心態在左右著他的行為。心態不斷地對他的理智說：「朋友，這件事在推理上雖有些令人生畏，但情況也許並不像你想像的那樣壞。你常常都是一個幸運兒，這次也不例外。」

心態的力量牢牢地控制住了這位哲學家，以致於後來變成了「如果不進行這次航海，他就會坐立不安，甚至可以說會成為他人生的一大遺憾」這種強烈念頭。

心態終於戰勝了理智，他揚帆起航了。正如他理智所判斷的那樣，他成了海盜們的戰利品。

**【人生感悟】**

這個悲劇故事生動地說明了一個觀點：錯誤的心態可以導致錯誤的行動。我們說成功需要勇氣和信心，它有助於我們去面對所處的困難和挑戰。調動起我們的一切能力。然而，當我們對某件事做決定時，心態就一定要平和寧靜。此時我們不需要勇氣和信心，而只需要把心態調整到一種恰當的狀態。

哲理 2

# 不同的心態導致不同的人生

不同的心態會導致兩種不同的結果，
由於一念之差，兩個面對強敵的人，
一個會灰心失望，不戰而敗：
另一個會滿懷希望，大獲全勝。

哲理點燈

兩個具有不同心態的人從牢房的窗口同時向外望著：一個人看到的是黑夜和天空中的烏雲。

而另一個人看到的卻是黑夜裏朦朦的月色和石縫裏點點的星光。

心態不同，所看到的夜景竟是如此的不同。

傑出的成功者總是運用積極心態去支配自己的人生和面對這個世界，面對一切奮鬥中可能出現的困難和險阻。他們始終用積極的思考、樂觀的精神、充實的靈魂和瀟灑的態度，支配、控制自己的人生。他們不斷地克服困難，從而不斷地走向成功。

而失敗者則精神空虛，以猥瑣、卑怯、失望悲觀的心態看待自己的人生。

比較一下成功者與失敗者的心態，尤其是關鍵時候的心態，我們就會發現「心態」導致人生驚人的不同。

在推銷員中，廣泛流傳著一個這樣的故事：兩個歐洲人到非洲去推銷皮鞋。

由於炎熱，非洲人向來都是打赤腳。

第一個推銷員看到非洲人都打赤腳，立刻失望起來：「這些人都打赤腳，怎麼會要我的鞋呢？」於是放棄努力，失敗沮喪而回；另一個推銷員看到非洲人都打赤腳，驚喜萬分：「這些人都沒有皮鞋穿，這皮鞋市場大得很呢。」於是想方設法，引導非洲人購買皮鞋，最後發大財而回。

這就是心態不同導致的天壤之別。同樣是非洲市場，同樣面對打赤腳的非洲人，由於一念之差，一個人灰心失望，不戰而敗；而另一個人滿懷信心，大獲全勝。

美國著名的成功學大師拿破崙．希爾說：「我們的心態在很大程度上決定了我們人生的成敗，我們在一項任務剛開始時的心態決定了最後有多大的成功把握，這比任何其他的因素都重要。」

故事開智

故事1

# 被解雇後的不同命運

卡特和弗明同時被公司解雇了，這如同晴天霹靂。

卡特在找不到其他工作時，乾脆自己做起了小生意。

這是他第一次當老闆，做自己以前並不想做、也不熟悉的事。雖然面臨很多的困難，但卡特卻突然覺得生活更有意義，更具有挑戰性，並認為這一切都是「晴天霹靂」帶來的好處。

面對失業，弗明卻選擇了沮喪、頹廢，他不願重新去找工作，也不願像卡特那樣自謀生路，而是一味地怨天尤人，終日咒罵上蒼的不公平。

若干年後，卡特和弗明在大街上相遇了。這時的卡特作為一個施捨者，向街邊一個年老的、衣衫襤褸的乞丐遞過去十美元，而那個伸著雙手，跪在地上的乞丐正是弗明。

當初同樣的境遇，兩人面對「晴天霹靂」的不同心態，造就他們今天的天壤之別。

**【人生感悟】**

當災難突如其來，與其以消極的心態待之，不如以積極的心態去化解。當以健康、積極的心態去化解災難時，就有可能出現柳暗花明的局面，從而得到更太的益處。

## 故事2

# 兩個身分相同的客人

泰德去參加一個宴會。

他膽怯地去敲門，內心充滿了不安，因為他幾乎不認識宴會中的人。他是應蔻拉的邀請前來參加宴會的，蔻拉是泰德在圖書館工作時認識的，雙方並不很熟。

泰德今年三十五歲，擔任圖書館館員已將近十年，至今未婚。

女主人開了門，並把他引進客廳，那裏已經擠滿了人，大家談談笑笑，好不熱鬧。

「哈囉。」一個女孩子向他走過來，臉上帶著可愛的微笑。

他緊張地回了一聲招呼，不知道應該說些什麼才好。

「請問你貴姓？」

泰德自我介紹了一番，並強迫自己問了她的姓名，他覺得很不自在，不知道該把兩隻手擺在什麼地方。

「你在哪兒高就呀？」

他覺得十分自卑，低聲說：

「我不是什麼大人物，我只是一名圖書館員而已。」他的肩膀往下墜，在回答她的問題時，不敢與她的目光接觸。

同樣是那次宴會。

約翰到了，他也是圖書館員。他的年齡也在三十幾歲，也未婚，但他對今晚的宴會抱著很大的希望。

他急於要見到蔻拉，和她交談並欣賞她漂亮的晚禮服；也許將一起跳舞、聊天、談情說愛；也許宴會後，他可以帶她回家去。

「你今晚真漂亮。」他對女主人這樣說，他說的是真心話，表現得也很真誠。

女主人高興得臉都紅了，他哈哈大笑，和彼得及福蘭克握握手，這兩個人都是他在工作中認識的。他們很高興見到他，帶他和其他人聊天。

「你在哪兒高就？」

有一個人這樣問道，他手中拿著裝滿冰塊和飲料的杯子。

「我是個圖書館員，」約翰說，他帶著好奇的神情和友善的微笑望著對方，「我喜歡好書，你呢？你在哪兒高就？」

他發現宴會中的某些人談吐十分風趣，他很高興地和他們交談，吃東西，喝酒聊天。

人們不斷過來和他聊天，大家都十分欣賞他的友善，以及他的真誠與隨和。

到了午夜，他真的帶蔻拉回家了。

**【人生感悟】**

從這個故事中，我們不難看出，第一個主角泰德是個失敗者，他有一種自我怨恨的心態，這種心態扼殺了他全部的智慧以及其他的潛力。而第二個主角約翰是個心態十分健康的人，他認為自己相當不錯，因此不必覺得不安或抱歉。他喜歡自己，又不至於過分自憐，因此也能夠欣賞他人，最終他贏得了生活的青睞。

哲理 3

# 積極的心態是人生成功的保障

積極的心態是人們走向成功的保障，
必須掃除心中畏縮自卑的陰影。
只有擁有積極的心態，
才會使困難與挫折向你低頭。

## 哲理點燈

積極的心態之所以會使人心想事成，走向成功，是因為每個人都有巨大無比的潛能在等待開發。消極的心態之所以會使人怯弱無能，走向失敗，是因為放棄了對偉大潛能的開發，讓潛能在那裏沉睡，白白浪費。

而積極的心態可以挖掘和開發人們的巨大潛能，使之釋放出無窮的力量。任何成功都不會從天上掉下來，只有抱著積極心態去開發你的潛能，你才會有用不完的能量，你的能力也才能越用越強。

相反，如果你抱著消極心態不放，不去開發自己的潛能，那你只有嘆息命運不公，並且越消極越無能。但擁有積極的心態也並非易事，積極心態是需要刻苦訓練的。比如：當你被悲傷、自憐、失敗的情緒包圍時，你可以想一想那些勇敢的人是怎樣對待這一切的；當你力不從心時，可以回想過去的成功；當你自輕自賤時，想想自己的目標和誓言。對於自己千變萬化的個性，我們不要聽之任之，因為我們已經知道，只有積極主動地控制自己的心態，才能掌握自己的命運。

故事開智

## 故事1

# 百折不回的世界冠軍

世界冠軍摩拉里是一個具有積極心態的人。

早在少不更事、守著電視看奧運競賽的年紀，他的心中就充滿了夢想，夢想著即將到來的成功。

一九八四年，一個機會出現了。他在自己擅長的游泳項目中，成為全世界最優秀的游泳者，但在洛杉磯奧運會上，他卻只拿了亞軍，冠軍的夢想並沒有實現。

摩拉里重新回到夢想中，回到游泳池裏，又開始投入到實際的訓練中。這一次目標是一九八八年韓國漢城奧運金牌。沒想到，他的夢想在奧運預賽時就煙消雲散，他竟然被淘汰了。

跟大多數人一樣，摩拉里變得很沮喪。之後，他便把這份夢想深埋心中，跑到康乃爾的律師學校讀書。

有三年的時間，他很少游泳。可是心中始終有股烈焰，他無法抑制這份渴望。

離一九九二年巴賽隆納奧運會比賽前不到一年的時間，摩拉里決定孤注一擲。在這項屬於年輕人的游泳賽中，他算是高齡，簡直就像是拿著槍矛戳風車的現代唐·吉訶德，他想贏得百米蝶式泳賽冠軍的想法簡直愚不可及。

對摩拉里而言，這也是一段悲傷艱難的時刻，因為他的母親因癌症而離世了。母親將無法和他一起分享勝利的成果，可是追悼母親的精神加強了他的決心和意志。

令人驚訝的是，摩拉里不僅成為美國代表隊成員，還贏得了初賽。他的紀錄比世界紀錄慢了一秒多，在競賽中，他勢必要創造一個奇蹟。

加強想像，增加意象訓練，不停地訓練，他在心中仔細規劃賽程。直到後來，不用一分鐘，他就能將比賽從頭到尾，像透徹水晶般仔細看過一遍。他的速度會占盡優勢，他希望能超越自己的競爭者，一路領先。

預先想像了賽程，他就開始游了，而且最後他成功了。

那一天，他真的站在領獎臺上，頸上掛著令人驕傲的金牌。憑著他的積極心態，摩拉里將夢想化為勝利，美夢成真。

**【人生感悟】**

態度決定一切。一個人能否成功，就看他的態度了。

成功者與失敗者的差別是：成功者始終用最積極的思考、最樂觀的精神和最有益的經驗支配和控制自己的人生。失敗者則剛好相反，他們的人生是受過去的種種失敗與疑慮所引導和支配的。

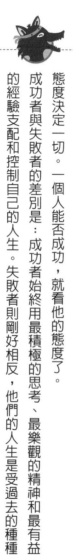

## 故事2 積極面對人生的李嘉誠

一九二八年，李嘉誠出生於廣東省潮州市一個普通小學教師的家庭。一九三七年，日本帝國主義的鐵蹄踐踏了他的家鄉，他隨父母背井離鄉，流落到香港。

來到香港不久，父親就在饑寒交迫中病逝了。臨終前，父親把他叫到身邊囑咐道：「好漢不怕出身苦，勤學苦鬥有來日。天下無難事，只怕有心人。失意勿灰心，得意勿忘形。秉先輩教誨，謹記莫誤身。」

父親病逝時，李嘉誠年僅十三歲。

從此，李嘉誠稚嫩的雙肩挑起照顧母親、撫養弟妹的重擔，他被迫退出學堂，開始在茫茫人海中掙扎、苦鬥。開始，他是靠打短工維持一家生計。

十四歲時，他由朋友介紹，到一家小塑膠玩具廠當推銷員。

他時時不忘父親的臨終教誨，始終以積極的心態對待人生。

自從幹上了推銷員，他上班不坐車，十來里路，每天跑步上班，聯繫業務，一個上午，能在香港大街上走個來回。

由於他工作出色，二十歲那年就當上了工廠的業務經理，視野比以前開闊多了，與人的交往相對也增多了。

他永不滿足現狀，工作中除熟悉香港市場行情外，還要隨時瞭解島外市場情況。

然而，正當別人認為他可以青雲直上、大展宏圖的時候，他卻毅然辭職了。因為，據他的考察：塑膠行業大有可為，所以決定離開老闆而自闖天下。

辭職後，李嘉誠自己開設了一家專門生產玩具及家庭用品的小塑膠廠，取名為「長江塑膠廠」。

創辦伊始，沒有資金，沒有人才，只請來了幾名工人幫他工作。在創辦的最初幾年，他熬過了無數個艱辛的日日夜夜，身兼數職，既要管理廠務，又要跑推銷，直到五十年代中期，李嘉誠發跡的機遇終於來了。

李嘉誠與別的創業老闆一樣，希望事業平步青雲。為此，他急於擴大生產，便向朋友借錢，用做周轉資金。

同樣，他也遇到所有不成熟企業家碰上的普遍問題：產品出現積壓，資金周轉不靈。由於他沒有富親，一般朋友的錢也不能長期佔用。因此，李嘉誠一度面臨破產的境地。但李嘉誠並沒有被困難嚇倒，他靜下心來仔細總結了失敗的原因，是由於自己操之過急，各個環節配合不當，產銷脫節所造成。

經過分析後，他果斷地壓縮生產規模，把得力的人派去推銷產品。

他背著自己的產品跑遍了港島，拜訪了五百個代理商。

他的不懈努力終於給他帶來了好運，因為產品好，不但得到了幾個經銷商的支持，支付他一些定金。而且還獲得了一個非常重要的資訊，即各大商店幾乎都沒有出售美麗的塑膠花，港人喜歡擺設，需要塑膠花。

這是一個潛在的大市場，產品的生產技術要求並不很高，因此當他度過危機後，決定大量生產塑膠花。很快，他的塑膠花廠成為世界同行業中最大的工廠。

**【人生感悟】**

「好漢不怕出身苦，勤學苦鬥有來日。」這種積極進取，頑強向上的心態，終於成就了李嘉誠「華人首富」的偉業。

## 故事3

# 學會找「星星」

有個女人叫瑪賽爾，曾陪同從軍的丈夫一起來到南美的一片沙漠之中，當丈夫外出訓練時，她常常孤零零地獨自住在被沙漠包圍著的鐵皮房子裏，有時，甚至很長時間也收不到丈夫的一封來信。

她深感寂寞，雖然當地有土著人、印地安人和墨西哥人，但他們都不懂英語，無法陪她說話，她於是深感痛苦。

恰在此時，遠方父母的一封來信給了她極大的鼓舞。信極短，卻充滿了哲理：「兩個人從牢房的鐵窗望出去，一個看到了墳墓，一個看到了星星。」

她恍然大悟，決定在茫茫沙漠裏尋找瑰麗的星星。

她開始努力：努力學習當地的語言，努力與當地人交朋友，努力收集各類土產，努力研究當地的一切，才過了幾天，她就深深感到，她的生活已經變得充實無比。

第二年，她還將她的收穫一一整理成文，出版了一本叫做《快樂的城堡》的書。她興奮無比，她果然在漫無邊際的寂寞中找到了「星星」，她再也不必長吁短嘆了！

**【人生感悟】**

長期以來，很多人已習慣於讓環境制約自己。其實，真正制約他的並非是環境，而是他的心態。在通往成功的路上，能否有一個良好的心態，直接影響著他對周圍事物的理解。

哲理 4

# 變消極的心態為積極的心態

我們怎樣對待生活，生活就怎樣對待我們。
我們在一項任務剛開始時的心態，
就決定了最後有多大的成就，
這比其他的任何因素都重要。

## 哲理點燈

在生活中，失敗平庸者，主要是心態上有問題。當遇到困難時，平庸者總是應之以悲觀消極的心態。「我不行了，我還是算了吧。」結果只會陷入失敗的深淵。而成功者遇到困難，仍然保持樂觀積極的心態，用「我能行」、「我一定有辦法」等積極的意志支撐自己，於是便能想盡辦法，不斷前進，直至成功。

納粹德國某集中營的一位倖存者維克托．法蘭克爾說過：「在任何特定的環境中，人們還有一種最後的自由，就是選擇自己的態度。」是的，在這個世界上，沒有任何人能夠改變你，只有自己能改變自己；沒有任何人能夠打敗你，也只有你自己打敗自己。這個改變自己或打敗自己的神奇力量就是心態。因此，無論自己的條件如何惡劣，只要擁有積極的心態，就可以到達成功的彼岸。反之，無論你自身條件如何優越、機會如何千載難逢，而自身沒有樂觀積極的心態，則失敗也是必然的。我們不能預知生活的各種情況，但我們要能夠適應它。正確的心態和良好的習慣能夠幫助我們成功。

故事開智

## 故事1

# 寫情書的年輕人

有一個叫梅凱的年輕人患病住進了醫院。他病情不輕，因而非常憂鬱。有一天，他讓醫生在他的病房門上掛了一個牌子：謝絕訪客。他不願再見到親友，只想與他的憂慮共處。

一位護士決定幫助這個憂慮的年輕人。她對梅凱說，醫院裏有一位年輕的女病人，遭受了情感的打擊，非常苦惱。

護士希望梅凱能寫幾封情書給她，這樣一定會使她精神振奮起來。梅凱開始寫信，他自稱曾在有一天對她有過驚鴻一瞥，從此難忘，他希望待他倆病好以後。也許可以一同到公園裏散步。

梅凱在寫信中感受到了樂趣，他寫了一封又一封，他的健康也跟著好轉，終於可以出院了。

這時他問護士，他可否到她的病房中去看她。護士表示可以，說她的病房號是四一四。

但並沒有這樣一個病房，也沒有這樣一個少女。梅凱恍然大悟——原來是護士虛構了一位女孩，來幫助梅凱戰勝憂愁。而梅凱在幫助他人中，也擺脫了纏繞自己的憂慮。

【人生感悟】

這個故事告訴我們：有了煩心的事，不要悶在心裏，要通過積極與外界的交流來改變。試著跟親人、朋友、老師講講，他們的傾聽，以及有益的勸慰，會消除你心中的陰雲。

故事2

# 治療心病的日記

小萍總愛跟自己較勁，遇上一點事，就胡思亂想，給自己製造煩惱。每月薪水不夠花心裏煩惱，舞場上某男士沒有邀她跳舞心裏煩惱，年終業績考核沒得到第一心裏煩惱，碰上某個主管沒有向她打招呼她也煩惱……

她的煩惱一來，好幾天精神不爽。當她察覺到煩惱給自己帶來高血壓、心臟病時，後悔不已。好想克制自己，但煩惱一來。又無法克制。

後來，有人建議她每天寫二十分鐘日記，把消極的情緒忠實地寫在日記裏。還告訴她，這個日記是寫給自己的，既要寫出正面，也要寫出負面。這樣就可以把消極情緒從心裏驅走，留在日記裏。

小萍從此堅持記日記，通過記日記來克服自己的煩惱，遇上自己愛猜忌的事，便在日記裏自己說服自己。她曾在一篇日記裏寫道：

「今天我在樓梯上向某局長打招呼，可某局長沉著臉，皺著眉頭，理也沒理我一聲。我想他態度冷漠不是衝著我來的，八成是家裏出了什麼事，要不然就是挨了上級的罵。」

她在日記裏這麼一寫，心裏的疑團一下子煙消雲散了。

她還在另一篇日記裏提醒自己：「我翻閱上月的日記，發覺那時的煩惱現在完全消失了，這說明時間可以解決許多問題，也包括煩惱在內。如果以後我遇上新的煩惱，就要不斷地提醒自己：現在何須為它煩心，我何不採取一個月後的忘卻狀態來面對眼下的煩惱。」

她堅持寫了八年日記，心理抗病功能增強了。後經醫生檢查證明，血壓正常了，心臟病也好了。

**【人生感悟】**

小萍的經歷告訴我們：面對煩惱、憂慮、生氣、抑鬱、緊張等消極情緒，把它們寫在紙上是一個好的發洩方法。一個人有了煩惱或者感到憤慨時，就盡情地發洩出來，千萬不要將煩惱埋在心裏，埋在心裏就是拿煩惱來懲罰自己。

## 故事3

# 神醫的神奇藥方

有一位老先生得了病，頭痛、背痛，茶飯無味，萎靡不振。他吃了很多藥也不管用。這天聽說來了一位著名的中醫，他就去看病。

名醫望聞問切一番後，給他開了一張方子，讓老先生去按方抓藥。老先生來到藥鋪，給賣藥的師傅遞上方子。

師傅接過一看，哈哈大笑，說這方子是治婦科病的，名醫犯糊塗了吧？

老先生趕忙去找醫生，醫生卻出門了。說要一個多月才能回來。老先生只好揣起方子回家。

回家路上，他想起糊塗醫生開的糊塗藥方，自己竟得了「沖任失調」的婦女病，禁不住哈哈樂起來。

這以後，每當想起這事，老先生就忍不住要笑。他把這事說給家人和朋友，大家也都忍不住大笑。

一個月後，老先生去找醫生，笑呵呵地告訴醫生，方子開錯了。

醫生此時笑著說，這是他故意開錯的——老先生是肝氣鬱結，引起精神抑鬱及其他病症，而笑，則是他給老先生開的「特效方」。

老先生這才恍然大悟——這一個月，老先生光顧笑了，什麼藥也沒吃，身體卻真好了。

**【人生感悟】**

「笑一笑，十年少。」的確，經常保持愉快的心情，笑口常開，是大大有益於身心健康的。笑，使肌肉變得柔軟，身心在極度放鬆的狀態下，很難引起焦慮。

哲理 5

# 得而不喜，失而不憂

生如夏花。人生中既有紅火耀眼之時，
也有黯淡蕭條之日，為此面對成功和榮譽，
既不能狂喜，也不可盛氣凌人！
面對失敗既不要過於傷悲，
更不該自暴自棄。

哲理點燈

在漫長的道路上，人應該有著經受成功，戰勝失敗的精神防線，有著一顆超然而又寶貴的平靜心理，如能這樣，必將會贏得一個廣闊的心靈空間，從而達到得而不喜，失而不憂的高尚境界。

人類科學史上的巨人愛因斯坦，在報考瑞士聯邦工藝學校時，竟因三科不及格落榜，被人恥笑為「低能兒」。小澤征爾這位被譽為「東方卡拉揚」的日本著名指揮家，在初出茅廬的一次指揮演出中，曾被中途「轟」下場來，緊接著又被解聘。

為什麼厄運沒有摧垮他們？因為在他們眼裏始終把榮辱看作是人生的必然，是人生的一種磨煉。

他們明白，要想有快樂的人生就要做到得而不喜，失而不憂，假如他們沒有當時的厄運和無奈，也許就沒有日後絢麗多彩的人生。

世上有許多事情的確是難以預料的，成功伴著失敗，失敗伴著成功，人本來就是失敗與成功的統一體。

人的一生，有如簇簇繁花，既有紅火耀眼之時，也有黯淡蕭條之日。面對成功或榮譽，不要狂喜，也不要盛氣凌人，把功名利祿看淡些；面對挫折或失敗，要像愛因斯坦、小澤征爾那樣，不要傷悲，也不要自暴自棄，把厄運羞辱看遠些，看開些。

這樣就不會像《儒林外史》裏的范進，中了舉狂喜過度，一口痰上不來，倒地而昏，變成了瘋子。

人要有經受成功、戰勝失敗的精神防線。

成功了要時時記住，世上的任何成功或榮譽，都依賴周圍的其他因素，決非你一個人的功勞。

失敗了也不要一蹶不振，只要奮鬥了，拼搏了，就可以無愧於心。

這樣就會贏得一個廣闊的心靈空間，把握自我，超越自我，過一個快樂的人生。

故事開智

## 故事1

# 克里斯的金質獎章

美國前總統克里斯是以不看重眼前的成果而不斷地超越自己而聞名的。

克里斯在阿姆斯特大學的最後一年，獲得了一枚金質獎章，這是由美國歷史學會獎給的最高榮譽。

這在全美國來講，也是人人慕羨的，可他沒有向任何人炫耀，甚至連自己父母都沒告訴。

畢業後，聘用他的裁判官伏爾特，無意中從六周前一份雜誌的消息中發現了這一記載。

這使他對克里斯倍加讚賞與青睞，不久便給了他一個很重要的職位。

在克里斯的全部事業中，從一名小小的職員一直到國家的總統，常以這種真誠謙遜的風貌出現在眾人眼裏。

他認為，只有面向未來，生命才可能重放光彩。

**【人生感悟】**

我們應該時時認清現實的自我，從而不斷地實現自我，不斷地超越自我。只有不斷地面向未來才能實現對自我的超越。如果我們能夠把自我放在這樣一個不斷被拷問、不斷被超越的位置，我們就會迎來「一個比一個更美麗動人的自我」，使我們的生命總是呈現為一種全新的狀態。

故事2

# 不氣餒的卡佛

二十世紀初，美國不少地方出現了一種令人束手無策的問題。當時因常年種植棉花，土壤養分消耗殆盡，再加上蟲害肆虐，棉花產量跌至谷底，人們在搜尋著解決的辦法。

眼看著許多地方的人口因這種經濟作物歉收而使生活陷於困境之中，圖境克基研究所一位名叫卡佛的科學家，便勸導農民將染上害蟲的棉花燒盡，改種花生。起初，觀念保守的農民認為卡佛的腦筋有問題，因為花生只不過是小孩子嘴裏的零食，價值低賤。

隨著棉花產量一落千丈，這位科學家耐心向人們解釋，花生能吸收空氣中的氮，相當耐旱，此外，花生不只易於栽種，本身蛋白質相當豐富，不但不會吸土壤的養分，反而能夠滋養土壤。

逐漸地，人們才開始接納卡佛的說法，在數次豐收之後，人們將卡佛奉為天才。

但命運緊接著又面臨另一項挑戰，由於家家戶戶都種花生，市場供過於求，花生在田裏任其腐爛也沒有人收，垂頭喪氣的農民悲痛地對卡佛說：「我們實在太蠢了，才會聽你的話。」

卡佛雖遭到「眼光短淺」的評價，但他並不氣餒，反而決心證明他不只是個天才，更是一個有個性、勇於挑戰並能堅持到底的人。於是，他回到了實驗室全心開發花生的應用範疇。當卡佛從實驗室出來時，他勝利了。他總共研製出一百多種花生的商業應用方法，經過數年，進一步擴展到三百種。他不僅從花生中提煉出十二種染料，還用花生加工牛奶、奶油、蛋黃醬、肥皂、餅乾、潤膚油、化妝品、麵粉、鞋油、乳酪、洗髮精等，創造出了數百種新產品應用的方法。

**【人生感悟】**

人生總有失敗與挫折，你在遭遇失敗、受人奚落的時候，你應像卡佛那樣，發揮本身所具有的力量，不達目標永不停止。

# 行動的哲理——跬步至遠，少言多行

如果沒有行動，
那麼再宏大的理想
也將永遠是一紙空文。

——（印）羅賓德拉納特·泰戈爾

行動的時候，一定要大膽，
如果畏畏縮縮，不敢邁步，
那麼，你這一生
將只能看著別人享受成功。

——（英）威廉·莎士比亞

你可以界定你的人生目標，認真制定各個時期的目標。

但如果你不行動，還是會一事無成。冥思苦想是不能代替身體力行的實踐，即使謀劃的再完美、再理想，沒有行動也只是在白日做夢。

生活如同「騎著一輛腳踏車，不是維持前進，就是翻覆在地」，所以行動永遠是第一位的。在人生的旅途中，絕對不能把「踩車」的腳鬆下來，停下來。

在阻礙行動的因素之中，除了懶惰之外，常常是缺乏勇氣。事實上，要做成任何一件事都不可能沒有風險，機遇總是陪隨著風險而存在。

不敢冒一點風險的人，只能坐等一個個機遇白白擦肩而過，終將一事無成。所以在行動中，除了要克服惰性外，我們必須養成勇於冒險、不怯任何困難的勇敢品格。

在行動中，我們應在提倡敢於冒險、勇於行動的同時，又必須把握一個「實」字。所謂的「實」就是實事求是，一切從實際出發，腳踏實地，扎扎實實的意思。沒有求實的精神，只憑主觀想像，好高騖遠，不顧主客觀條件，單憑一腔空洞的妄想，同樣不可能成就任何事業。

只有那些既心存宏志，勇於行動，又能審時度勢，勤奮踏實工作的人，才能在生活中不斷前進，不斷取得成功。

哲理 1

# 行動是達到目標的唯一途徑

人生的種種缺憾常是缺乏行動造成的，
若不把握時機，及時行動，
就無法擁有更多的機會和成功。

哲理點燈

美國心理學家麥格勞說，他曾被派到醫院的老人病學單位工作。從接觸的那些各種各樣的老者身上，他學到了不少珍貴的人生道理。

譬如：一位垂暮的老人希望能完成自己的未竟之夢；一位老人後悔沒能返回菲律賓，到同胞的墳上燒香；一位老人夢想自己的偵探小說能夠出版，卻始終鼓不起勇氣寄出手稿；另一位，則後悔未能在孫女死於車禍前多陪陪她……

每一位老者都用不同的方式告訴麥格勞同樣的一句話：

「要行動，別浪費生命，時光一去不復返啊！」

這些經驗豐富、充滿睿智的老者一再地說，他們的作為遠不及理想。他們不僅談到了自己的未竟之夢、錯失的機會，更談到了行動：生命固然會為我們提供許多的機會，但機會一旦錯失，便永遠不再。

麥格勞由此學到了許多，我們也可以從中領悟到：

人生不是彩排，時光不會留情。

如果你未能把握時機，及時行動，就是浪費光陰。人生的種種缺憾常是缺乏行動造成的，你若不行動，就無法擁有更多的機會和成功。

拿破崙說得好：

「想得好是聰明，計畫得好是更聰明，做得好是最聰明又最好。」

任何目標的實現，必然落實到行動上。

俗話說，「說一尺不如行一寸。」行動才會帶來變化，行動才會帶來發展。

人生很少有因拒絕、退縮而使生活變得更加美好的記錄，相反，我們卻常能發現許多因勇於嘗試而使生活獲得改善的例子。

惟有勇於嘗試，才能找到生活的高點。

故事開智

## 故事1

# 「還有明天」的害人鬼話

有則寓言故事說：

某段期間，因為下地獄的人銳減了，閻羅王便緊急召集群鬼，商討如何誘人下地獄。群鬼各抒己見。

牛頭提議說：

「我告訴人類：『丟棄良心吧！根本就沒有天堂！』」

閻王考慮了一會兒，搖搖頭。

馬面提議說：

「我告訴人類：『為所欲為吧！根本就沒有地獄！』」

閻王想了想，還是搖搖頭。

過了一會兒，旁邊一個小鬼說：

「我去對人類說，『還有明天！』」閻王終於點了頭。

**【人生感悟】**

行動是成功的保證。任何偉大的目標，偉大的計畫，最終必然落實到行動上。行動才會產生結果，只說不做的人永遠不會成為一個成功者。

## 故事2 總愛嘗試的青年終成富翁

邁克爾・戴爾總喜歡這樣說：「如果你認為自己的主意很好，就去試一試！」廿九歲的邁克爾正是以此成為企業鉅子的。他如今是美國第四大個人電腦生產商，也是《財富》雜誌所列五百家大公司的首腦中最年輕的一個。

邁克爾讀高中時，找到了一份為報紙徵集新訂戶的工作。他猜想新婚的人最有可能成為訂戶，於是雇請朋友為他抄錄新近結婚的人的姓名和地址。

他將這些資料輸入電腦，然後向每一對新婚夫妻發出一封有私人簽名的信，允諾贈閱報紙兩星期。這次他賺了一萬八千美元，買了一輛德國寶馬牌汽車。汽車推銷員看到這個十七歲的年輕人竟然用現金付賬，驚愕得瞠目結舌。

第二年，邁克爾・戴爾進了奧斯丁市的德克薩斯大學。像大多數大一學生那樣，他需要自己想辦法賺零用錢。

那時候，大學裏人人都談論個人電腦，凡沒有的人都想買一台，但由於售價太高，許多人買不起。一般人所想要的，是能滿足他們的需要而又售價低廉的電腦，但市場上沒有。戴爾心想：「經銷商的經營成本並不高，為什麼要讓他們賺那麼厚的利潤？為什麼不由製造商直接賣給用戶呢？」戴爾知道，ＩＢＭ公司規定經銷商每月必須提取一定數額的個人電腦，而多數經銷商都無法把貨全部賣掉。他也知道，如果存貨積壓太多，經銷商會損失很大。於是，他按成本價購得經銷商的存貨，然後在宿舍裡加裝配件，改進性能。這些經過改良的電腦十分受歡迎。戴爾見到市場的需求巨大，於是在當地刊登廣告，以零售價的八五折推出他那些改裝過的電腦。不久，許多商業機構、醫生診所和律師事務所都成了他的顧客。有一次戴爾放假回家時，他的父母表示擔心他的學習成績。

「如果你想創業，等你獲得學位之後再說吧。」他父親勸他說。

戴爾當時答應了，可是一回到奧斯丁，他就覺得如果聽父親的話，就是在放棄一個一生難遇的機會。「我認為我絕不能錯過這個機會。」一個月後，他又開始銷售電腦，每月賺五萬多美元。戴爾坦白地告訴父母：「我決定退學，自己開辦公司。」「你的目標到底是什麼？」父親問道。

「和萬國商用機器公司競爭。」和萬國商用機器公司競爭？

他的父母大吃一驚，覺得他太好高騖遠了。但無論他們怎樣勸說，戴爾始終堅持己見。終於，他們達成了協定：他可以在暑假時試辦一家電腦公司，如果辦得不成功，到九月他就要回學校去讀書。

戴爾回奧斯丁後，拿出全部積蓄創辦戴爾電腦公司。當時他十九歲。第一個月營業額便達到十八萬美元，第二個月廿六點五萬美元，不到一年，他便每月售出個人電腦一千台。

到了邁克爾．戴爾本應大學畢業的時候，他的公司每年營業額已達七千萬美元。這時，戴爾又果斷地停止出售改裝電腦，轉為自行設計、生產和銷售自己的電腦。今天，戴爾電腦公司在全球十六個國家設有附屬公司，每年收入超過二十億美元，有雇員約五千五百名。戴爾個人的財產，估計在二點五億到三億美元之間。

**【人生感悟】**

一位哲人曾說：「你應該去嘗試實現自己的夢想，嘗試去做你內心真正喜歡的事。行動是通向成功的惟一途徑。」這句話，當成為追求幸福人生的挑戰者的座右銘。

## 故事3

# 敢於滑雪橫越南極的人

安・班克羅福特和利夫・阿爾南森，她們是一對勇敢的朋友。在二〇〇一年二月的那一天，行程一千七百英里之後，她們成為獨立滑雪橫越南極大陸的先驅者。

這一天，在世界的邊緣搭起的帳篷裏，她們打開一瓶省下來的蘇格蘭威士忌，各自斟滿，然後說：「我們為自己和所有幫我們實現夢想的人們乾杯，不管他們認為這夢想有多麼瘋狂。」

三個月來，她們橫越南極地區，經受了一次次生死的考驗。她們感受到肌肉疲勞到了崩潰極限的滋味。

她們的一部雪橇被硬得像鋼鐵一般的冰砸開。一句話，她們能在平均溫度零下二十度、風速達五十英里的惡劣環境中倖存下來，並令人難以置信地實現了夢想。

她們是怎樣產生這個夢想的呢？

那是來自一個向英雄學習的想法。

班克羅福特和阿爾南森都說，在她們成長的過程中，各自都迷上英國探險家沙克爾頓爵士的英雄傳奇。

一九一四年，她的探險出了問題，但她在南極地區堅持活了二十個月。她們決心向她學習。

班克羅福特四十五歲，來自明尼蘇達。探險之前，她在小學教體育。她曾是第一位滑雪到過南極和北極的婦女。阿爾南森四十七歲，來自奧斯陸，是中學作文教員，一九九四年，她成為單獨滑雪南極的第一位婦女。

兩年前，兩人得知彼此的事蹟後，很快見了面，並定下計畫跟隨她們的英雄——英國探險家沙克爾頓的足跡，橫越南極。

靠公司的資助，她們出發了。她們各拖著一部重達兩百四十磅的雪橇，裝著她們所有的裝備和食品飲料。

天氣好的時候，刮著順風，她們撐起滑翔傘滑過冰和雪。風停下的時候，她們別無選擇只能自己拉上雪橇。

她們的飯食千篇一律：早餐是加上乾水果和果仁的燕麥糊；點心是補充能量的糖棒和運動飲料；最後是脫水的菜肴和燉鱈魚做晚餐。

除了兩天喘息時間和美國在南極的研究人員在一起，她們主要通過一個全世界數百萬兒童密切注視的網站和外界聯繫。

這一旅程最危險的一段是在最後，她們跨越八十英里的沙克爾頓冰川的時候，冰川有一道道的裂縫，摔下去就沒有命。

她們的雪橇塌進裂隙的情景十分嚇人，班克羅福特的男友因此有十天都沒睡好覺。

**【人生感悟】**

我們往往是讓夢想在自己的頭腦裏翻跟頭，卻不去行動，夢想最終難以成真，最後就成了空想。要夢想成真，就從現在開始行動，不論有多難多苦，只要想著美夢成真，並用行動去實現，夢想就不會永遠是夢想。

## 故事4

# 創造索尼的井深大

索尼公司是井深大和盛田昭夫共同創建的。創業初期，該公司僅僅是一家百貨商店，職工幾十名，資金五百美元。原名是東京通訊工業株式會社。

儘管創業之初，該公司規模很小，但井深大下定決心創建世界著名企業。他認為「東京通訊工業株式會社」這個地方性的名字不能適應自己的遠大抱負，於是起了一個響亮的名字「Sony」（索尼）。他深信自己的企業將來一定是世界性的。

如今索尼公司已發展成為一家著名的國際性企業，成為名副其實的「世界的索尼」。這中間的飛躍與其創始人井深大的自信與自強密不可分。

在遠大目標的激勵下，他們將發明的第一台袖珍晶體管收音機命名為「Sony」（索尼），決定以此為公司打出名聲。

去什麼地方銷售才能打開這種世界最為先進，卻又無人知曉的新產品呢？井深大經過深思，決定去紐約，那裏能吸引最新的產品。

當井深大帶著這種新定名的「索尼」袖珍收音機來到紐約，決定開創天下時，卻遇到了無人問津的尷尬局面，惟有布魯法公司青睞於他們的產品。

該公司的一位主要銷售部人員對井深大說：

「我們很想要這種收音機，就訂貨十萬台吧。」

十萬台，對於創業不久的井深大來說，確實是一筆不小的買賣，其價值相當於他們公司資產總額的好幾倍。但是在與布魯法公司詳談之中，布魯法公司卻提出一個苛刻的條件，收音機上必須印有布魯法公司的名字。

就這樣，進一步的詳談擱淺了。

這一條件讓井深大深感失望。

在公司易名之初，井深大曾發過誓：「自己的公司一定要靠自己的品牌打天下，決不能成為其他公司的加工廠。」

經過再三考慮，井深大毅然拒絕了這個條件，決不能把自己的公司作為別人「嫁衣」的加工廠。只有這樣，公司才會有發展前途。

這一決定當時為他招來詛咒，多數人認為這個小工廠不可能成為名牌企業。

但當索尼公司克服種種令人難以想像的困難，終於憑自己的實力立足世界之時，該公司的人都慶幸自己的公司沒有淪為其他品牌的加工廠。

井深大強烈的自信與自強，為「SONY」撐起一片自己的天空。

如今索尼公司的資金總額為近五百億美元，營業額在日本一百家最大的企業中居第二十位，在全世界五百家大企業中排名第一百四十五位。

**【人生感悟】**

不僅僅是井深大，在每一個成功者或巨富背後，都有一股巨大的力量——堅強的決心，在支持和推動他們不斷向自己的目標邁進。想得到，做得到，敢想敢幹才是人生的底氣，是成功的源泉。如果一個人決心朝著他的目標開始行動，想方設法地實現自己的夢想，他就會獲得超常的成功。

哲理 2

# 不要猶豫，應當立即行動

成功尤其是巨大成功，
關鍵是「致力於達到這一將來夢想的現在」。
只要你從現在做起，積極行動，
成功就會與你相約。

哲理點燈

美國成功學家拿破崙．希爾曾說過：今天，我要努力行動與別人競爭；今天，我要與我自己競爭；今天，我要多做一些工作；今天，我要打破昨天的紀錄。

人生在世，很多的事情需要人今日本本分分地去做，人要想獲得成功就必須今日努力行動，必須持之以恆地抓住每一個「今日」，而後成績才會慢慢地浮出水面。

今日努力行動是為了超越自我，不斷與自己來競賽。如果你能把握住今天，努力行動，便能激發你的無限潛能，獲得最佳的成果，並不斷豐富自己，提高自身素質。明天你也就能站在成功者的行列中。

人世間的事情沒有一件是絕對完美的，如果要等所有條件都具備以後才去行動，那只能永遠等待下去了。

做一個積極主動的人，從現在就去行動。因為只有這樣，才會走向成功。

做個主動的人，立刻開始努力工作；自己推動自己的精神，不要坐等精神來推動你去做事。

「明天」、「後天」、「下星期」、「將來」之類的句子跟「永遠不可能做到」意義相同。因此要與之一刀兩斷。

用行動來爭取成功，同時增強你的自信。

朋友們，立即開始努力行動吧，因為「今日」是最難捕捉的，而且，我們的一生中只擁有一個「今日」。

故事開智

# 故事1 一位教授的悲哀

五六年前，有個很有才氣的教授想寫一本傳記，專門研究「幾十年以前一個讓人議論紛紛的人物的軼事。」

這個主題又有趣又少見，真的很吸引人。這位教授知道的很多，他的文筆又很生動，這個計畫註定會替他贏得很大的成就、名譽與財富。

一年過後，一位朋友碰到他時，無意中提到他那本書是不是快要大功告成了。

老天爺，他根本就沒寫。他猶豫了一下子，好像正在考慮怎麼解釋才好。最後終於說他太忙了，還有許多更重要的任務要完成，因此自然沒有時間寫了。

他這麼辯解，其實就是要把這個計畫埋進墳墓裏。

他找出各種消極的想法。他已經想到寫書多麼累人，因此不想找麻煩，事情還沒做就已經想到失敗的理由了。

**【人生感悟】**

成功與那些缺乏創新的人永遠無緣。但是光有創意還不夠。那種能使你獲得更多的機會或簡化步驟的創意，只有在真正實施時才有價值。每天都有無數人把自己辛苦得來的新構想取消或埋葬掉，因為他們不敢執行。

## 故事2

# 畢爾先生的存款

畢爾先生每個月的收入是一千美元，但是每個月的開銷也要一千美元，收支剛好相抵。

夫婦倆都很想儲蓄，但是往往有好多理由使他們無法開始。

他們說了好幾年：「加薪以後馬上開始存錢」、「分期付款還清以後就要……」、「度過這次難關以後就要……」、「下個月就要」、「明年就要開始存錢」。

最後，還是他太太珍妮不想再拖，她對畢爾說：「你好好想想，到底要不要存錢？」

他說：「當然要啊！但是現在省不下來呀！」

珍妮這次下定決心了。她說：「我們想要存錢已經想了好幾年。由於一直認為省不下，才一直沒有儲蓄，從現在開始，要認為我們可以儲蓄。我今天看到一個廣告說，如果每個月存一百元，十五年以後有一萬八千元，外加六千六百元的利息。廣告又說：『先存錢，再花錢』比『先花錢，再存錢』容易得多。如果你真想儲蓄，就把薪水的百分之十存起來，不可移作他用。我們說不定要靠餅乾和牛奶過到月底，只要我們真的那麼做，一定可以辦到。」

他們為了存錢，頭幾個月當然吃盡了苦頭，儘量節省，才留出這筆預算。現在他們覺得「存錢跟花錢一樣好玩」。

**【人生感悟】**

想不想寫信給一個朋友？如果想，現在就去寫。有沒有想到一個對於人生大有幫助的計畫？如果有，馬上就去實行。時時刻刻記著班傑明．富蘭克林的話：「今天可以做完的事，不要拖到明天。」這也就是古人所說的：「今日事，今日畢。」

哲理 3

# 敢於冒險
# 才有可能成功

不敢冒風險的人永遠不會成功。
要敢於冒險，
又盡力減少風險成本，
才是成功之道。

哲理點燈

美國人非常推崇「冒險」精神，認為做事情不可能有百分之百的把握，主張在穩重決策的同時，還必須有一點兒「冒險」精神。因為冒險能激發創新、拼搏精神，大大鼓舞人們的士氣。

經驗越豐富，人就越謹慎；財富越多，人就越想求穩，這是人性的基本組成部分。雖然你還是原來的你，但是你發現自己已經變得不那麼願意承擔風險，也不那麼爭強好勝了。

你可能發現自己身上增添了不少循規蹈矩、穩紮穩打、步步為營的傾向。這是很危險的。

為了防止出現這種可能性，隨著管理職位的提高和成就的取得，我們應該更加有意識地、明確地宣導理智的冒險精神。

當然，誰也不想經常失敗。

要確知哪些風險該冒，哪些風險不該冒，你必須瞭解你自己。

你必須意識到，你是通過害怕和野心這兩片鏡片，來觀察和評估風險的，而那兩塊鏡片下反映出來的東西，並不是永遠不走樣的。

在下決定之前，一定要認真考慮你自己的客觀因素，包括你在人生奮鬥中所處的確切位置，以及那個位置對你的思維所產生的影響。

在人生的戰場上，有輸有贏，即使你知道有可能輸。

但是做出決定，你就不能再想輸了，要想著贏。

「冒險」必定要付出一定的代價，在決策時就應該把這種代價考慮進去。

總之，既要敢於「冒險」，又要儘量減少風險成本。這才是真正的成功之道。

故事開智

## 故事1 差別就那麼一點點

一四九八年，義大利航海家哥倫布發現新大陸凱旋而歸時，西班牙女王為他舉行了慶祝大會。

在宴會上有人滿不在乎地說：這沒有什麼了不起，大陸本來就在那裏，不過正好被他碰上了。

哥倫布聽後，沒有直接回答別人的挑釁，而是拿起一個雞蛋，對在座的人說：「先生們，你們當中有誰可以使這個雞蛋豎立起來嗎？」

在場的人面面相覷，無能為力。

只見哥倫布拿起雞蛋，將它往桌子上輕輕一磕，雞蛋矗然而立。

人們為之愕然，但仍有人不以為然地說：

「這也沒有什麼了不起，熟雞蛋本來就可以立起來了。」

這時哥倫布以極其平靜的語調說：

「是的，許多事物本來都在那裏，可是有人將它發現，有人卻沒有發現，差別就這麼一點。」

正是這麼「一點差別」，哥倫布冒著生命危險，歷經千辛萬苦，橫渡大西洋，遇上機會「碰上了」新大陸。

一八四七年，英國的辛普遜和他的同事，為了尋找最佳麻醉藥物，解決手術中病人的疼痛問題，冒著生命危險，對數量眾多的化學藥品一樣一樣親自進行試驗。

當辛普遜的助手關門的時候，偶然發現在門後有一瓶藥品。拿起來一看，是法國化學家杜馬寄來的。

辛普遜決定也來試試。晚飯後，他們各自喝了少許，很快幾個人都睡過去了。

當他們醒來時，幾個人像孩子似地大喊大叫互相擁抱，歡呼試驗成功，憑著他們的無畏精神，終於發現了理想的麻醉藥。

**【人生感悟】**

普通人與成功者的差距就在於：普通人雖然有成功的欲望，卻不敢冒險。世上沒有萬無一失的成功之路，動態的市場總帶有很大的隨機性，各種要素往往變幻莫測，難以捉摸。所以，要想在波濤洶湧的商海中自由遨遊，非得有冒險的勇氣不可。在不確定性的環境裏，人的冒險精神是最寶貴的成功資源。

故事2

# 小鷹的啟示

一個小女孩將一隻鷹蛋帶回了家裏，與雞蛋放在了一起。

不久，一隻小鷹同一群雞寶寶一塊出生了。

牠們一塊兒玩，一塊兒搶食，快樂極了。

小鷹一天天地長大了，雖然牠覺得生活有些煩悶，可又無可奈何。

有一天，一隻老鷹從雞場上空飛過，小鷹看見老鷹翱翔於藍天之上，心中無比羨慕，牠想：要是自己也能飛向天空該多好啊。

可是自己怎麼能夠像老鷹一樣呢？

自己從來就沒有張開過翅膀，沒有任何飛行的經驗。猶豫、徘徊、衝動……

經過一陣緊張激烈的內心鬥爭，小鷹終於決定甘冒粉身碎骨的風險，要展翅高飛。

想到這兒，小鷹感覺自己的雙翼湧動著一股奇妙的力量。牠勇敢地揮動著翅膀飛向了藍天，而且越飛越高。

小鷹終於成功了。

**【人生感悟】**

冒險是有目的、有計劃的對你自己的智慧和能力進行挑戰。冒險與收穫常常是結伴而行的。險中有夷，危中有利。要想有卓越的結果就要敢於冒險。許多成功人士不一定比你「會」做，重要的是他們比你「敢」做。

## 故事3 人生的精彩賭局

華達集團老總李曉華是一位擅長在風險中求利的優秀商人。

他投標東南亞高速公路的開發權，外界傳言差一點讓李曉華血本無歸，而內情到底如何呢？考察東南亞期間，李曉華得知一條高速公路的開發權正在對外招標，條件相當優惠，卻沒有人投標。因為在離這條公路不遠的地方雖然發現了一個大油田，但還沒有確認，政府尚未對外公佈，很多人沒有把握，不敢去做。

別人半信半疑時，他卻迅速作出決定，拿出全部積蓄，又以房產作抵押，從銀行貸款，以三萬八千多萬美元買下了公路開發權。還款期半年後開始，如果屆時油田的消息不發佈，公路的開發將困難重重，這意味著李曉華將輸個精光。

結果關於油田的新聞發佈會一拖再拖，五個月過去了。還不見動靜，他也陷入了近乎絕望的境地，他的心理承受到巨大的挑戰。由於手裏沒錢了，每天只吃泡麵和便當，住處是向朋友借的。油田消息終於發佈後，投標專案的身價翻了又翻，他再次大賺了一筆，也是最險的一筆生意，經歷了最大的失望與興奮。

有人問他：「你不認為你非常的冒險嗎？」他說：「在旁人看來可能是冒險，在我不完全是。其實我已將各種細節分析得很透徹才去做的。我從來就不是個冒險家，不過我想，如果沙漠上哪怕只有一滴水，我也能走出沙漠。」這就是李曉華的堅強性格。

現今，如日中天的李曉華所領導的華達國際投資集團下屬企業達三十三家，分佈於世界十六個國家和地區。業務覆蓋領域包括商業投資、房地產業、機械製造、家用電器、塑膠製品、食品加工、餐飲娛樂和旅遊業等。

**【人生感悟】**

商場上身經百戰、長袖善舞的李曉華，在巨大的風險面前，具備了成功的要素，做事有膽略，凡事經過精密部署，所以能在風險中抓住商機，迅速致富。生意場上的瞬息萬變，處處充滿了商機和挑戰。成功的經驗告訴人們，只要努力和善於捕捉商機就不難出人頭地，家財萬貫。

哲理 4

# 心往高處想，手在低處做

古羅馬大哲學家希留斯曾說過：
「想要達到最高處，必須從最低處開始。」
這是成大事者必備的一種優秀品質。

哲理點燈

有虛榮心的人，總是看不起腳踏實地、老老實實做事的好處，總以為自己是志向遠大的，非一般人所能及。其實，真正成大事者是心在高處，手在低處——即通過一個個具體的行為去實現自己的遠大之志，而不是好高騖遠，總讓自己飄飄然。

事業的成功是一個過程，絕非一蹴而就的事情，它需要人們付出許多瑣碎的努力。任何進步都是一點一滴不斷努力積累起來的。例如，房屋是由一磚一瓦堆砌成的；足球比賽的最後勝利是由一次一次的得分累積而成的；商店的繁榮也是靠一個個顧客的購買造成的。所以每一個大成就都是一系列的小成就累積成的。

在一次著名企業家的報告會上，有一位年輕人向做講演的企業家提出這樣一個問題：

「請問您過去走過什麼彎路沒有？能不能給我們年輕人指示一條成功直線，讓我們少走彎路呢？」

這位企業家聽了之後，乾脆俐落地回答道：「我只知道自己一直走在成功的路上。成功從來就沒有說要擁有它走一條直線就可以了，成功就像山頂一樣，哪裡有什麼直線可以走呢？」

生活中，每個人都想找一條更省力氣的路到達山頂，所以人們常常追問已經登頂的人，哪一條是直通山巔的捷徑。而那些從山頂下來的人卻說：

「山上哪有什麼捷徑，所有的路都是彎彎曲曲的。想要到達頂峰，必須要不斷地征服那些根本就看不到路的懸崖峭壁。」

故事開智

## 故事 1

# 海能裝那麼多水

有一位年輕人，常常被對生活的不滿和內心的不平衡折磨著，直到一個夏天與同學尼爾尼斯乘他們家的漁船出海，才讓他一下子懂得了許多。

尼爾尼斯的父親是一老漁民，在海上捕魚幾十年，年輕人看著他那從容不迫的樣子，心裏十分敬佩。

年輕人問他：「每天你要捕多少魚？」

他說：「現在，捕多少魚對我已不重要，只要不是空手回去就可以了。尼爾尼斯上學的時候，為了繳清學費，不能不想著多捕一點，現在他也畢業了，我也沒有什麼奢望捕多少了。」

年輕人若有所思地看著遠處的海，突然想聽聽老人對海的看法。他說：「海是夠偉大的了，滋養了那麼多的生靈……」

老人說：「那麼你知道，為什麼海那麼偉大嗎？」

年輕人不敢貿然接話。

老人接著說：「海能裝那麼多水，關鍵是因為它位置最低。」

「位置最低！」

**【人生感悟】**

有些人並不能正確擺正自己的位置，因此經常為自己的一點成績沾沾自喜，自己有一點優勢便以為老子天下第一，自吹自擂。

相反，如果能把自己的位置放得低一些，卻會有無窮的動力和後勁。

## 故事2

# 最後再拿出博士證

一位留美電腦博士學成後在美國找工作，有個嚇人的博士頭銜，求職的標準當然不能低。結果他連連碰壁，好多家公司都沒錄用他。想來想去，他決定收起所有的學位證明，以一種最低的身分再去求職。

不久，他就被一家公司錄用為程式輸入員。這對他來說就像是高射炮打蚊子——大材小用，但他仍然幹得很認真，一點兒也不馬虎。

不久，老闆發現他能看出程式中的錯誤，不是一般的程式輸入員可比的，這時他才亮出了大學畢業證書，老闆給他換了個與大學生畢業生相稱的工作。

過了一段時間，老闆發現他時常提出一些獨到的有價值的建議，遠比一般大學生要強，這時他亮出了碩士證書，老闆見後又提升了他。

再過一段時間，老闆覺得他還是與別人不一樣，就對他「質詢」，此時他才拿出了博士證。

這時老闆對他的水準已有了全面的認識，毫不猶豫地重用了他。這位博士最後的職位，也就是他最初理想的目標。

**【人生感悟】**

如果剛一開始就讓人覺得你多麼的了不起，對你寄予了種種厚望，可你隨後的表現讓人一次又一次的失望，結果是被人越來越看不起。相反，如果人家本來並不對你抱有厚望，你的成績總會容易被發現，甚至讓人吃驚。

## 故事3 珍惜生命的德國車王

很多人都羨慕那些將車開得飛快的人，覺得那種風馳電掣般的感覺能夠給人們帶來一種神馳目眩的感覺。不過，德國車王舒馬赫卻說。他追求的只是速度的極限，並不是生命的極限。因此在這項危險的運動中，他格外珍惜自己的生命。他這樣說：

「從理論上來說，車手的任務就是將車的各項性能發揮到極致，但不是將自己的生命也燃燒到極致。所以每當遇到彎道或者有人發生事故的時候，我都會減慢速度，因為我知道，這一定就是那個地段的極限了，我不可能再超越他們。不過為了體驗到賽車的性能極限，我總是將車速提升到看起來根本不可能達到的一種速度，但我始終要為自己的生命負責。」

正是抱著這種正確的態度，舒馬赫才在比賽之前經常會向車手們提出建議，希望大家在前兩個彎道不要超車，因為國際汽聯修改後的賽道，明顯不利於車手們在彎道時超車，而且在試車的時候已經有事故發生。

**【人生感悟】**

成功之路，絕非坦途。生活中我們必然會遇到一些彎路，這時，我們一定要注意時刻保持警惕，不要貿然前進。其實，我們完全可以把這些彎路當成是生活對我們善意的提醒，為自己的生命負責。

哲理 5

# 遠離懶惰與拖延

有人能果斷地戰勝懶惰，
積極主動地面對生活的挑戰；
而有人卻深陷於懶惰的泥潭，不知所措。
正是這種習慣上的微小差別，
造成了命運的截然不同。

哲理點燈

懶惰在我們的生活中經常會遇到，如果哪天你把一天的時間記錄一下，會驚訝地發現，懶惰耗掉了我們很多的時間。很多情況下，懶惰是因為人的惰性在作怪，每當自己要付出勞動時，或要做出抉擇時，我們總會為自己找出一些藉口、理由，總想讓自己輕鬆些、舒服些。

其實懶惰就是縱容惰性，也就是給了惰性機會，如果形成習慣，它會很容易消磨人的意志，使你對自己越來越失去信心，懷疑自己的毅力，懷疑自己的目標，甚至會使自己的性格變得猶豫不決，養成一種辦事拖拉的工作作風。

還有一個阻礙行動的消極因素：拖延。

人們往往有了好的計畫後，不去迅速地執行，而是懶得去做，一味地拖延，以致讓一開始充滿熱情的事情冷淡下去，使強項逐漸消失，使計畫最後破滅。

人應該極力避免養成拖延的惡習。受到拖延引誘的時候，要振作精神勤奮去做，堅持做下去。這樣，自然就會克服拖延的惡習。拖延往往是最可怕的敵人，它是時間的竊賊，它還會損壞人的品格，敗壞好的機會，劫奪人的自由，使人成為它的奴隸。

某種高尚的理想、有效的思想、宏偉的幻想，總是在某一瞬間從一個人的頭腦中躍出的，這些想法剛出現的時候也是很完整的。但有著拖延惡習的人遲遲不去執行，不去使之實現，而是留待將來再去做。其實，這些人都是既懶惰又缺乏意志力的弱者。

而那些有能力並且意志堅強的勤勉的人，往往趁著熱情最高的時候就立即去把理想付諸實施。

故事開智

## 故事1

# 寒號鳥的故事

據說，在很久以前，有一種鳥叫寒號鳥，牠長得比孔雀還美麗，叫聲比黃鶯還動聽，但是牠有一個最大的缺點，就是懶惰，整天躲在樹林裏睡大覺。

到了秋天，天氣一點點涼了，有些鳥兒飛到南方去了，剩下的鳥兒都忙著築巢以抵禦寒冬，只有寒號鳥依然天天睡大覺。有的鳥勸牠：「快點築巢，否則冬天會凍死你的。」

寒號鳥聽了不以為然地說：「著什麼急，過兩天再築也不遲，看天氣多好，陽光多燦爛，正適合睡大覺。」

就這樣日子一天天過去，寒號鳥仍然沒有築巢，冬天來到了，樹葉落盡，北風呼嘯，別的鳥兒都躲到自己溫暖的小巢裏去了，只有寒號鳥縮在樹杈裏，凍得直打哆嗦，不住地叫著：「哆嗦嗦，哆嗦嗦，寒風凍死我，明天就築窩。」

第二天，風停了，陽光又照得一切暖洋洋的，寒號鳥卻又開始睡大覺了。別的鳥兒勸牠築巢，牠卻說：「不著急，我昨天沒睡好，今天正適合睡大覺。」

第二天晚上，北風又呼嘯而來，天開始下起了大雪，寒號鳥凍得拼命地喊叫，等到天亮時別的鳥找到寒號鳥時，發現牠已經凍死了。

**【人生感悟】**

在我國流傳已久的寒號鳥的故事，警示了人們懶惰的危害性。懶惰是一種與生俱來的習性，是一種病態的、消極的思想造成的惡果。作為一個有志於成功的人，必須戰勝自身的惰性，改變懶惰的習慣。因為只有這樣才能向著我們希望的方向努力，得到的我們渴盼的成功。

## 故事2 一位美國婦女的奮起

印度諺語說：改變自身的懶惰，才可以進而改寫人生。一位美國婦女的經歷再次驗證了這句話。

這位美國婦女，名叫雅克妮，她原本是一位極為懶惰的婦人。

後來，她的丈夫意外去世，家庭的全部負擔都落在她一個人身上。她不僅要付房租，而且還要撫養兩個子女，在這樣貧困的環境下，她被迫去為別人做家務。

每天把子女送上學後，便利用下午時間替別人料理家務，晚上，子女們做功課，她還要做一些雜務。這樣，她懶惰的習慣被克服了。

後來，她發現很多現代婦女外出工作，無暇整理家務，於是她靈機一動，花了七美元買來清潔用品和印刷傳單，為所有需要服務的家庭整理瑣碎家務。這項工作需要她付出很大的勤奮與辛苦。

她把料理家務的工作變為專業技能，後來甚至連大名鼎鼎的麥當勞也找她代勞。

雅克妮就這樣日以繼夜地工作，終於使金錢滾滾而來。

現在她已是美國九十家家庭服務公司的老闆，分公司遍佈美國廿七個州，雇用的工人多達八萬。

**【人生感悟】**

雅克妮的成功事例，說明了世間的貧窮大多是由於懶惰造成的。如果一個人不願奮鬥，雖不情願但已習慣於過著貧窮生活的話，那麼他就永遠無法擺脫人生的困境。如果一個人在別無選擇的情況下，一心想依靠勤奮擺脫貧困的生活，那麼，他會爆發出一種驚人的力量。如果你渴望成功的話，就做一個遠離懶惰的人吧！

# 挫折的哲理——勇不言退，失而復得

不要懼怕挫折，
因為挫折的背後
往往跟隨著幸運女神；
只要你正視挫折，
就可能從中窺見她的身影。

——（法）享利・巴爾札克

人生是一場艱辛的旅程，
只有肯赤腳穿越荊棘地的人，
才會擁有享受成功榮耀的資格。

——（德）享利希・海涅

生命歷程充滿了挫折和困境，沒有經歷挫折和失敗的人生是不存在的。既然如此，我們應該如何面對挫折和失敗呢？採取回避的態度，硬著頭皮，顯然是不明智的；遭遇挫折便立即放棄、退卻、逃跑就更加不應該。這樣的人，他們不相信自己能成功，當然也就與成功永遠告別了。只有理智地面對，不懈地努力，把挫折和失敗看做是人生路上的一個過程而勇於嘗試的人，才可能最終走上成功的頂峰。

抱有積極心態的人，總是在挫折和失敗中看到積極因素，看到走近成功的希望。而持有消極心態的人，一遇挫折便心灰意冷，敗下陣來，從此不再思索進取。

古時的斯巴達青年，迫於風俗壓力，每年都要在神壇上承受鞭刑，以增強忍受磨難的耐力。主動迎接磨難的人，在忍受磨難的痛苦時，內心多半是坦然的；被動承受磨難的人，在被磨難煎熬時，內心一定會充滿困惑。

挫折與磨難，對於一個成功者來說，是必不可少的磨煉。誠如孟子所言：「天將降大任於斯人也，必先苦其心志，勞其筋骨，餓其體膚，空乏其身，行拂亂其所為，所以動心忍性增益其所不能。」

正確面對人生挫折，戰勝人生挫折，挫折便會成為你成功的跳板；否則，你的人生就會在挫折面前黯然失色。

哲理

# 1

# 挫折是人生對你的別樣饋贈

一個人若想事業有成，
他必須得經受形形色色的誘惑
以及各種艱難困苦之考驗。
挫折和苦難是令人心酸的，
但它卻是經過化了裝的幸福。

哲理點燈

縱觀歷史，那些最偉大人物無一不是苦難的學徒，無一不是歷盡千辛萬苦才成就輝煌的。

苦難往往最能錘煉和磨礪人的性格。苦難也往往能激起人們行動的勇氣。若沒有困難，人們也許會疏於行動。在某種情況下，天才如同生鐵需要敲打一樣，也需要經歷苦難才能使其成長、成熟，而在安於逸樂的環境中，卻易於枯萎和凋謝。

挫折和失敗是人生對你的別樣饋贈。

沒有困難，也就沒有努力奮鬥的需要；沒有痛苦和不幸，也就不會受到忍耐和順從的薰陶。因而，挫折和失敗困苦和不幸，並非完全是壞事，它卻往往是成功最好的力量源泉。

無數歷史事實告訴我們：使人經受考驗並從中受益的不是舒適和安逸、而是磨難和困境。

逆境是品格的試金石。正如一些香草需要被搗碎才能散發出醉人的芳香，有些人也需要通過磨難的經歷來喚醒他們的優秀品格。

因此，磨難往往揭示隱藏在內心深處的美德。一些貌似無用和胸有大志的人，一旦置身於困境和需要擔負責任時，他們就會展現出我們意想不到的品格的力量，以前我們見到的只是柔順和自我放縱，而現在我們看到是力量、生機和自我克制。

一位波斯聖哲指出，苦難往往是經過化了裝的幸福。

或許它是隱藏生命之水的源頭。苦難往往是令人心酸的，但它是有益於身心的，惟有經過它的教導，我們才能夠學會承受，才能夠變得堅強。

故事開智

## 故事1

# 主宰自己的命運

海倫·凱勒，一八八〇年出生於美國的一個小鎮，她從小聰明過人，然而不幸的是，當她一歲多的時候，一場病奪去了她的視、聽、說的全部能力，無情地把這個小女孩投進了黑暗與寂靜、混沌與無知的世界之中。

小海倫，七歲時，父母為她請來了一位名叫安妮·沙莉文的啟蒙教師，這位教師使海倫的一生發生了極大的轉變。

一天，教師把海倫帶到水房，用水管中清涼的水滴在她的一隻手上，同時在另一隻手上拼寫「水」字，這使海倫認識到宇宙事物都各有名稱。

老師把海倫帶到郊外，見什麼東西就摸什麼，就在她手上拼什麼詞，小海倫很快就記住了。

海倫要學會說話，盲聾啞學校校長富勒小姐親自教她，富勒小姐發音時，要海倫把手放在她的臉上。用感覺來刺激舌頭和嘴的牽動情況，然後模仿著發音，慢慢地，海倫開始用嘴說話了。經過艱苦的訓練，海倫以超人的毅力開始學習英、德、法、拉丁、希臘文，並掌握了這些文字。

後來，海倫克服了難以想像的困難，以優異成績考取了美國第一學府——哈佛大學。廿一歲時，海倫寫了一本自傳體的書——《我生活的故事》，轟動了美國文壇。在此後的六十年中，她一共撰寫了十四部著作，成為舉世聞名的作家。

**【人生感悟】**

海倫・凱勒就是這樣把握了自己的命運！上天雖然有時會殘忍地降臨災難，可是，許多在苦難中掙扎的人，卻顯示了自己不凡的生命價值。

命運的一端是災難，另一端則是幸福。只有同時品味了災難與幸福的生命，才是完整的生命。

## 故事2 「這次不及格真的使我受益無窮」

拿破崙．希爾在大學授課時，曾把畢業班的一個學生的成績打了個不及格。這對那個學生的打擊實在很大，因為那個學生早已做好畢業後的各種計畫，現在不得不取消，真的很難堪。

他只有兩條路可走：第一是重修，下年度畢業時才能拿到學位。第二是不要學位，一走了之。

拿破崙．希爾明白，他在知道自己不及格時，一定很失望，甚至會對他不滿。拿破崙．希爾猜得不錯，他真的論理來了。拿破崙．希爾說他的成績太差以後，他自己也承認對這一科下的功夫不夠。

「但是。」他繼續說：「我過去的成績都在中等水準以上，你能不能通融一下，重新考慮呢？」

拿破崙．希爾明確表示辦不到，因為這個成績是經過多次評估才決定出來的。

拿破崙．希爾又提醒他，學籍法禁止教授以任何理由更改已經送交教務處的成績單，除非這個錯誤確實是由教授造成的。

知道真的不能改以後，學生顯然很生氣。

「教授，」他說，「我可以隨便舉出本市五十個沒有修過這門課照樣取得了事業成功的人。你這科有什麼了不起？幹嘛讓我因為這一科成績不好而拿不到學位。」

他發洩完了以後，拿破崙．希爾靜默了一會兒。他知道避免吵架的好方法就是暫停一下。

然後拿破崙．希爾才對他說：「你說的大部分都很對，確實有許多知名人士幾乎不知道這一科的內容。你將來很可能不用這門知識就獲得成功，你也可能一輩子都用不到這門課的知識，但是你對這門課的態度卻對你今後的人生有很大的影響。」

「你這是什麼意思？」他問道。

拿破崙．希爾回答他說：「我能不能給你一個建議呢？我知道你相當失望，我瞭解你的感覺，我也不會怪你。但是請你用積極的態度來面對這件事吧。因為沒有積極的心態，就根本做不成任何事。請你記住這個教訓，五年以後就會知道，它是使你收穫最大的一個教訓。」

幾天以後，拿破崙．希爾知道他又去重修時，真的非常高興。這一次他的成績非常優異。過了不久，他特地向希爾致謝，讓希爾知道他非常感激以前的那場爭論。

「這次不及格真的使我受益無窮。」他說：「看起來可能有點奇怪，我甚至慶幸那次沒有通過。」

**【人生感悟】**

千萬不要把失敗的責任推給你的命運，要仔細研究失敗的原因，從中汲取教訓。許多人，由於他們一直想不通這一點，才一直找不到使他們變得更偉大，更堅強的機會。只有能夠積極面對人生中的磨難，才能夠譜寫出美麗的人生詩篇。

哲理 2

# 把挫折變成人生的財富

抱有積極心態和善於思索的人，
總是把挫折當成人生的財富，
所以他們在挫折中磨煉意志，
能夠在逆境中奮起，
在失敗中求得思想的昇華。

哲理點燈

一位哲人指出：「逆境是人生的寶藏。」遭遇挫折或身處逆境就一蹶不振、停滯不前的人，決不會成功。

人生中有很多障礙或苦難，同時，所有的挫折都藏匿著成長和發展的種子。但能夠發現這種子，並好好培養出來的人，往往只有少數。一般而言，這少數人無非是如下兩種：

第一種是決心要克服挫折的人。沒有這種決心的話，不管再怎麼說「挫折是機會」，也只會變成一種被苦難嚇怕的悲劇。

第二種是能夠認為挫折是機會的人。沒有這種想法，不懂得經歷挫折的磨煉成長，只會讓挫折帶來更多的挫折。

我們應記住，不論怎樣不利的條件，只要我們能正確處理，就都可能將之轉變為有利條件。

在順利狀態時，人們大都不會自我反省，也缺乏上進心，也就是說成為忘我的狀態了。相反地，在有苦惱或挫折感時，經常會有反省和上進心冒出來，因此反而有抓到真正幸福和歡樂的機會。

那麼，把痛苦變成機會，或者是變成恐慌，這種差別的根源是什麼呢？答案是由當事人的決心和態度決定的。西方有一句話說：「跌跤之後，不要空手爬起來。」人生有這種反省態度，才是最重要的。

我們必須對人生道路上的曲折和困難，要有充分的認識和思想準備。筆直平坦的人生路是不存在的。一個人今天行走在直路上，明天則可能走在彎道上。我們在遇到困難和身處逆境時，不要茫然無措、灰心喪氣，也不要因一時的挫折而輕言放棄，而要堅決相信：風浪後將是平靜的海洋，坎坷後面將是平坦大道。

故事開智

## 故事1

# 林肯怎樣面對失敗

一八三二年，林肯失業了。他曾下決心要當政治家，當州議員，但糟糕的是，他競選也失敗了。他著手自己開辦企業，可一年不到，這家企業又倒閉了。在以後的十七年間，他不得不為償還企業倒閉時所欠的債務而到處奔波。當他再一次決定參加競選州議員，這次他成功了。但第二年，他離結婚還差幾個月的時候，未婚妻卻不幸去世。他心力交悴，數月臥床不起。

在一八三六年，他還得過精神衰弱症。一八三八年，他身體狀況好轉，於是決定競選州議會議長，卻依然失敗了。一八四三年，他再次參加競選美國國會議員，但仍然沒有成功。

他沒有放棄，一八四六年，他又一次參加競選國會議員，最後終於當選了。兩年任期很快過去了，他決定要爭取連任。但結果很遺憾，他又落選了。因為這次競選他賠了一大筆錢，他申請當本州的土地官員。但州政府把他的申請退了回來。他卻依然沒有服輸。兩年後他再次競選美國副總統提名，結果被對手擊敗；又過了兩年，他再一次競選參議員，還是失敗了。

在林肯大半生的奮鬥和進取中，有九次失敗，只有三次成功，而第三次成功就是當選為美國的第十六屆總統。屢次的失敗並沒有動搖他堅定的信念，而是起到了激勵和鞭策的作用。

每個人都會在人生旅途中遇到挫折和失敗，林肯面對失敗沒有退卻、沒有逃跑，所以他成功了，成為了世人心中敬仰的成功典範。

**【人生感悟】**

在向成功之巔攀登的途中，你必須記住：成功天梯上的每一級橫欄是讓你擱腳向更高處爬的，而不是用來讓你休息的。

## 故事2

# 邱吉爾的逆境人生與成功秘訣

一九四八年，牛津大學舉辦了一個「成功秘訣」講座，邀請到了當時聲譽已登峰造極的政治家邱吉爾來演講。三個月前媒體就開始炒作，各屆人士引頸等待，翹首以盼。

這一天終於到來了，會場上人山人海，各大新聞機構都來了。人們準備洗耳恭聽這位大政治家、外交家、文學家的成功秘訣。

邱吉爾用手勢止住大家雷動的掌聲後，說：

「我的成功秘訣有三個：第一是，決不放棄；第二是，決不、決不放棄；第三是，決不、決不、決不能放棄！我的講演結束了。」

說完就走下講臺。

會場上沉寂了一分鐘後，才爆發出熱烈的掌聲，經久不息。

邱吉爾的偉大成就是舉世公認的，但很少有人知道他在學生時代的學業也沒有什麼成就。他每科成績都差，惟有作文曾得到過老師的讚賞。畢業時，老師們對他已經「蓋棺論定」，公認他以後不會有什麼出息。

父親見他不行，只好送他到軍校，隨後他便從軍了，隨軍到過印度、古巴等許多地方。他進不了大學深造，但軍隊的生活卻成了他開闊視野，增長見識的大學。於是他明確了自己的志趣，一頭闖入了政治領域。

邱吉爾當然是二十世紀偉大的政治家和演說家，但他初次在議會的演講卻狼狽地失敗了。當時，他儘管一連幾天背誦講稿，反覆練習，生怕出差錯，可是他越怕越驚慌，講了沒幾句，思路中斷，腦子一片空白，滿面通紅。他尷尬極了，無力挽救自己，只有頹然坐下。

這次慘敗使他醒悟了。從那以後，他從頭做起，從不怕失敗、不怕出醜做起。他再也不背講稿，而是當眾講出自己想說的話。

「我就是這樣，讓他們笑話吧！」這樣一來，他反倒成功了。

在享受和平的時刻，有誰提出戰爭的警告，是最容易不受歡迎的。邱吉爾就吃過這種苦頭。當希特勒組建軍隊時，邱吉爾喊出戰爭的危機，英國的政客們一笑置之；當德國侵入奧地利，英國首相張伯倫與希特勒簽署了以犧牲捷克斯洛伐克換取歐洲和平的《慕尼黑協定》，得意洋洋地向英國人民宣布：戰爭不會發生了！但邱吉爾卻警告說，戰爭快要來臨了！

政客們對他一怒斥之。邱吉爾因而競選失敗，他堅持己見，又引起公憤，以至於被報紙指責為「缺乏謹慎和判斷力」。

邱吉爾的遠見卓識竟被因循守舊、苟且偷生的一些人當成了一文不值的垃圾。這種失敗的境遇足以使一個人倍受挫折，可是邱吉爾卻像得勝回朝，依然銜著雪茄，悠然自得，還跑回家鄉的別墅度假去了。他興致勃勃地畫畫、看書、寫作，好像他從來都一帆風順，從未失敗過似的。

第二次世界大戰爆發了，人們才想起有邱吉爾這個不受歡迎的人。因為他是惟一能在和平時刻洞察戰爭危機的人，只是他的預言和警言被世人領悟得太晚了。於是一九四○年，邱吉爾嶄露頭角，當上了英國首相。

**【人生感悟】**

許多成功者並非沒有直覺的智慧，也不是不曾失敗過，而是自信能行、不怕失敗的人，甚至可以說，成功者大都是失敗最多、挫折最重的人。

哲理 3

# 面對挫折，切莫放棄

在困難面前，永遠不要輕易說放棄。
放棄必然導致徹底的失敗。
而不放棄，總會找到解決的辦法。
只要堅持才能有所收穫。

哲理點燈

每一個人都有失敗的時候，即使是常勝將軍也是如此，但問題的關鍵在於，你是如何看待失敗的呢？如果你把失敗看作是對自己的否定，從此一蹶不振，則你便是徹底的失敗者；如果你把失敗看作是成功之母，學會從中吸收促進你成長的合理因素，那麼失敗則只能促使你成功。

愛馬森說：「成功人士最明顯的標誌，就是他堅韌的意志，不管環境如何惡劣，他的初衷與希望不會有絲毫的改變，並將最終克服阻力達到所企望的目的。」或許你要說，你已經失敗很多次，所以再試也是徒勞無益；你已經跌倒的次數過多，再站立起來也是無用。對於意志永不屈服的人，絕沒有什麼失敗！不管失敗的次數怎樣多，時間怎樣晚，他們永遠對勝利充滿期望。

在人類歷史上，有許多人雖然已喪失了他們所有的一切，然而他們並不放棄追求，他們仍然以不可屈服的意志和永不頹喪的精神奮鬥，他們努力把自己從過去的失敗中拯救出來，終於獲得成功。

故事開智

## 故事1

# 他終於獲得了奧運金牌

你聽過海耶士．瓊斯的事蹟嗎？他是一九六〇年跨欄比賽的風雲人物，他贏得一場又一場的比賽，打破了許多紀錄，真是轟動一時。他順理成章地被選為參加當年在羅馬舉行的奧運會的選手，參加一百一十米跨欄比賽，全世界都認為他能贏得金牌。

但是，出乎意料的是，他並沒有得到金牌，只跑了個第三名，這當然是個極大的挫折。他的第一個想法是：「怎麼辦呢？我或許該放棄比賽。」要再過四年才會有奧運會，而且他已經贏得所有其他比賽的跨欄冠軍，何必再受四年更艱苦的訓練呢。看起來唯一合理的出路是退出比賽。但是海耶士．瓊斯卻不能安於這種想法。他又開始了訓練。在以後的幾年裏，他再次在跨欄上創造了新紀錄。

一九六四年，在紐約麥迪遜廣場花園，瓊斯參加了六十米跨欄賽。賽前他曾經宣布這是他最後一次參加室內比賽。大家的情緒都很緊張，每個人的眼睛都看著他。他贏了，打破了自己以前所創的最高紀錄！

瓊斯跑完，走回跑道上，低頭站了一會兒，答謝觀眾的歡呼。然後三萬名觀眾都起立致敬。瓊斯感動得落淚，很多觀眾也流下眼淚來。一個曾經失敗的人仍然繼續堅持下去，決不放棄，而愛他的人們就愛他這一點。

後來他參加了一九六四年東京奧運會，在一百一十米欄賽中跑出十三點六秒的成績，得了第一名，終於贏得了金牌。

**【人生感悟】**

如果你想出人頭地，請記住歌德曾說過的話：「不苟且地堅持下去，嚴厲地驅策自己繼續下去。就是我們之中最微小的人這樣去做，也會達到目標的。因為堅持的無聲力量會隨著時間而增長到沒有人能抗拒的程度。」

## 故事2

# 不服輸的精神終於使她成功

小麗是著名大學日語系的高材生，畢業後來到一家中日合資企業工作。上班的第一天，她剛剛在辦公桌前坐下，就接到了老闆的電話，通知她籌備開專案投資說明會，屆時會由市長和日方領事館人員參加。

過了一會兒，老闆又把小麗叫了過去，問她剛才的事是怎麼處理的，小麗老老實實地回答，已經給對方打了電話。老闆聽了很不高興，說打電話的方式不夠禮貌，還說現在處理的每一件公務都代表著公司的形象，必須小心謹慎才是。

於是小麗又鄭重其事地寫了幾份請柬，送給老闆過目，老闆看了仍不滿意，說光簡單地寫上被邀請人的姓名還不行，還要在請柬的後面加上一句客氣話。

小麗委屈地做了第二次修改，挖空心思寫了一句頗為熱情的寒暄語，她滿懷信心地送給老闆，可是老闆又挑出了毛病：說只寫明了開會的日期，卻沒有寫明開會的準確時間，必須寫明準確的時間，以示鄭重。

小麗又作了第三次修改，以為這一次終於可以天衣無縫了。誰知沒過十分鐘，老闆又一次打電話給小麗，告訴她剛剛接到市長秘書室的電話，說市長的日程安排又有變化，準備提前二十分鐘到達，請她按照這個時間再擬一份請柬，並且重新安排會議的時間和內容。小麗在心裏暗暗叫苦：沒有想到，一份請柬就折騰了這麼多次，剛剛踏上人生旅途的第一步就這樣舉步維艱。她想到了辭職，但是一種不服輸的勁頭讓她振作起來，她仔細地檢查了自己工作中的疏漏和不足，重新安排了說明會的時間和內容，又把接待工作認真檢查了一遍，發現了一些準備工作中的不足之處，她及時與老闆溝通，解決了可能出現的問題。

由於小麗全力以赴的努力，說明會開得非常成功，小麗也因此受到了老闆的器重，很快被公司選送到日本學習。回國後，小麗成了那家公司的總經理助理。

**【人生感悟】**

這個故事告訴我們：失敗的時候，千萬不可一蹶不振，而是應該以更堅強的意志重返人生的戰場，放棄只是膽小鬼的脫身之道，而決不是成功的路徑。

哲理 4

# 在逆境中磨煉自己

在人生旅途中，
失敗雖在所難免的但並不可怕，
關鍵是要從中汲取教訓。
所以，有人把失敗看作是成功路上的攔路虎，
有人卻在失敗的苦果中釀造了成功的甘甜。

## 哲理點燈

人生的道路並不總是灑滿陽光、充滿詩意，常常也會遇上沼澤、寒風或面臨荊棘叢生的小道。逆境，應該是現代人生的一個必修課題。

逆境可以使人產生清醒的自我意識。一個人對自我的行為進行反思往往需要時間與環境。在逆境中，人常常能「冷眼看世界」，相對比較冷靜，會比較客觀地分析自己的利弊長短、成敗得失、優勢和不足，並能夠在較短的時間裏選定聚焦突破的方向。

逆境能培養人難能可貴的意志力量。長期的逆境生活可以錘煉人不舍之功的長期性，凝就毅力的持久性，培育出耐心、恆心、韌性和悟心。在人生的搏擊中，毅力往往比智力更寶貴。功貴不舍的精神常常在逆境的磨煉中才能造就。身處逆境者應該時時想到，思想的波濤已到了懸崖邊上，再前進一步，就會變成宏偉壯觀的瀑布，以此不斷自勵，終能迎來光明的未來。

此外，逆境還能加快人的各種必備素質重新組合的速度。作為一個現代人，應該具備自信性、自主性、決斷性、創造性等素質，在逆境的條件下，這些素質都會一個接一個對身處逆境者提出挑戰，進行考驗。如何超越歷史的陳跡，超越環境的束縛，超越社會的不如人意處，超越自身的弱點等，這些人生的價值選擇都必須讓你面對，需要你在孤獨的沉思中作出判斷抉擇。因此，逆境不僅能培養出人的各種素質，而且能使現代人的素質和重新組合速度加快，並產生新的素質組合的合力。

我們並非要宣傳逆境優於順境，鼓勵提倡大家都去身處逆境，也不是說身處逆境者的時效利用一定高於身處順境者。而是說，不要把逆境絕對地都視為是一種壞事，只要我們能正確地對待它，壞事可以轉化為好事。

沒有人能給生活貼上永久順利的標籤，但面對逆境的選擇卻依志殊異。懦弱者盡嘗煩惱，度日如年；畏難者磨去銳氣，把逆境作為安逸的搖籃；有志者自強不息，面對似乎是毫無希望的境遇，在逆境的荒野上開墾孕育出沃土。

故事開智

## 故事1 在餐館洗盤子的博士

有「三冠才子」之稱，除了首創中文「電腦」一詞，被譽為「中華電腦之父」外，並曾三度獲諾貝爾文學獎提名，被譽為「世界桂冠詩人」，以及因為在企業管理方面有卓越貢獻，而被稱為「企管大師」的范光陵博士，在美國獲得斯頓豪大學的企業管理碩士，猶他州立大學的哲學博士，後來又專攻電腦，他的著作《電腦和你》，暢銷於整個東南亞。

他在國際上奔走呼號，推動成立了國際電腦協會，召開電腦國際會議，到處發表關於電腦的演講。由於他在這方面的貢獻，泰國國王親自向他頒發電腦成就獎，英國皇家學院也授予他國際傑出成就獎。

可就是這樣一個人物，卻是歷經磨難才走向成功的。剛到美國時，他是靠打工吃苦才熬下來的。他曾在一家叫湯姆．陳的餐館，做一份打雜的活，倒垃圾、刷廁所、洗盤碗、切洋蔥、剝凍雞皮……每天像個陀螺一樣忙得團團轉。餐館裏的人大大小小全是他的上司：大廚、二廚，連雜工都是上司，誰都可以對他指手劃腳，動輒訓斥或隨意作弄。他在兩年裏打過各種各樣的工——洗碗盤、收碗盤、做茶房、端茶送水、賣咖啡、做收銀員、售貨員……

他曾窮到口袋裏沒有一分錢，整天只喝清水，啃麵包屑，但他仍然不停地思索著，摸索著，想找出一條路來。後來，功夫不負有心人，他賺了錢，上大學，念研究生，終於走出了一條自己的路。

**【人生感悟】**

俗話說：「吃得苦中苦，方能為人上人」。要想做出成績，就要不怕挫折，不怕困苦。許多優秀的人才既不缺乏情商又不缺乏智商，然而他們缺少的是吃苦的精神。這不是社會的責任，也不是環境的錯，而是自己的責任。

## 故事2 晾臺事件反而激起他奮勇向前

小澤征爾是世界十大著名指揮家之一。他的成功之路看似很順利，但他同樣也經受過失敗的考驗。

一九六二年，小澤征爾剛剛從巴黎返回日本，並受聘擔任日本廣播公司交響樂團的常任指揮。可是，樂團中的一些成員對年輕的小澤征爾很不服氣。

因此，他們拒絕參加演出，在空蕩蕩的劇場裏，只有小澤征爾一個人站在指揮臺上。

公開被「晾」在臺上，這給年輕氣盛的小澤征爾帶來了多麼大的打擊啊！他沒有想到，在國外歷盡千辛萬苦學來的本事，回到自己的祖國卻遭到如此的冷遇，這簡直是一個奇恥大辱！

憤怒之餘，小澤征爾毅然離開了日本，開始了他的漂泊生活，並且發誓永遠不再回來。

他不相信自己是個失敗者，他決心要做出卓越的成績來，給那些瞧不起他的人看看。

他來到了美國，除了潛心學習之外，還擔任了芝加哥樂團維尼亞青年樂團的指揮。同時，他還兼任加拿大多倫多樂團的指揮。

豐富的閱歷使他積累了足夠的經驗，他的指揮技藝更加精湛了。五年之後，他離開了美國，開始在世界各地旅行，並經常擔任客座指揮。

他的足跡遍佈世界各地，各種不同的音樂流派、藝術風格他都接觸過，並經過他的博採眾長、整理加工逐漸形成了他自己的風格。

從此以後，小澤征爾真正地出名了，他指揮的演奏會觀眾們掌聲不絕，西方輿論界稱他為「當今世界著名指揮家」。

儘管如此，小澤征爾仍沒有忘記一九六二年給他帶來的恥辱，他仍然對自己嚴格要求：每天凌晨一點左右睡覺，早晨五點起床。除了指揮演奏會以外，他把大部分時間都用在了研習樂譜上。

一九七二年，小澤征爾受聘擔任了波士頓交響樂團的常任指揮。

波士頓交響樂團是世界一流的交響樂團，能夠在這樣的樂團裏擔任指揮，對於一個音樂家來說是無上的光榮，小澤征爾通過自己的艱苦努力，終於登上了世界音樂高峰。

**【人生感悟】**

如果沒有當初的「晾臺事件」，會有今日的小澤征爾嗎？如果小澤征爾沒有面對失敗的勇氣，他還能夠敲開波士頓交響樂團的大門嗎？所以，失敗並不可怕，可怕的是沒有承受挫折的能力。

哲理 5

# 走過去，前面是片豔陽天

偉人最明顯的標誌，就是其堅定的意志，
不管環境變化到何種地步，他的初衷與希望，
仍不會有絲毫的改變，而終至克服障礙，
以達到所企望的目的。

哲理點燈

有些人總以為在亂石盡頭就是懸崖峭壁，不曾想走過卻是峰迴路轉，豁然開朗；有些人總以為在雷電過後就是急風驟雨，不曾想暴雨過去卻是碧空如洗，風和日麗；其實，在船行不順時要想到風和逆轉；在大雪封山之時要想到雪過天晴。

當我們不止一次地用目光重新審視人類曾經走過的歷程，人類總是在衝出困境付出代價之後，贏得了新的文明的到來。

我們作為這個世界的一員，又何嘗不是如此呢？生活本來都是以其固有的法則，無一例外地賜給人們各種的不幸和困境，人們又總是在轉逆為順的搏擊中，獲得人生的一種滋味、一種回報、一種境界。

當你身陷囹圄、橫遭不幸的時候，當你遭到打擊、身遇病殘的時候，你能否扼住命運的咽喉，衝出困境？

生活的經驗告訴我們，不是所有的人都能從失敗和不幸中走出來。正因為如此，生活中才有強者和弱者之分。

生活的常識還告訴我們，生活中的強者和弱者，並非是命運之神的安排和捉弄，而在於人的心靈的力量。

一個善於生活的人，必定善於面對生活中的困境和不幸。也許，對於那些經歷了許多風風雨雨的人來說，會更深刻體味出個中滋味——勇敢地走過去，前面是片豔陽天。

故事開智

## 故事1

# 不要被失敗的陰影遮住雙眼

一九七〇年，美國有一位默默無聞的化學研究員，名叫羅伊・波蘭克，他在離開學校之後，經過多次的甄選，進入了著名的杜邦公司，擔任實驗室研究員。

當時，杜邦公司正在進行一項新物質的實驗工作，由於實驗室中同事的疏忽，未能將該項實驗物質的加熱溫度控制在規定標準之內，以致溫度過高，造成試管內的新物質因過度加熱而揮發。

實驗失敗了，同事們依照正確的作業程序，欲將新物質已揮發的試管丟棄。細心的羅伊・波蘭克卻拿著燒黑了的試管，在天平上稱了稱重量。羅伊・波蘭克發現，試管內的物質雖然已經揮發，但試管的重量卻明顯地增加了許多。

有了這個發現，羅伊．波蘭克決定再深入地加以研究，希望能有所發現。可是試驗多次後仍然一無所獲，接連的失敗使羅伊．波蘭克幾乎絕望了。

他回到家裏一句話也不說，甚至連飯也不吃。

妻子理解羅伊．波蘭克此時的心情，她鼓勵丈夫說：

「如果你堅持下去，總有一天會成功的。」

在妻子的鼓勵和支持下，羅伊．波蘭克終於在試管內找到了一種奇特的透明塑膠成分，這種透明塑膠，居然能夠承受不可思議的高溫，而不會導致化學結構的改變，也就是說，它可以耐高溫而不會產生毒性。

羅伊．波蘭克發現的奇特透明塑膠成分，就是今日大量被應用在日常生活中的「鐵氟龍」。

這項發明的專利，為羅伊．波蘭克帶來了巨大的財富，同時亦讓他名揚全球，更促成了難以計數的新產品問世。

羅伊．波蘭克終於成功了，他終於實現了多年來夢寐以求的願望。

在一次與觀眾談話時，羅伊．波蘭克激動地對妻子說：

「是你給了我勇氣，是你幫助我實現了我成功的願望！」

妻子高興地說：

「每個人都是從失敗中走向成功的，如果沒有你從前的失敗，可能就不會有今天的成功。」

**【人生感悟】**

失敗雖然能給人沉重打擊，但只要勇敢面對，積極從失敗中汲取經驗，失敗就可能成為你再次崛起的支點。咬一咬牙，走出失敗的陰影，前面必然是片豔陽天。

## 故事2

# 失敗的極限是成功的起點

凡爾納是一位世界聞名的法國科幻小說作家，但很少有人知道凡爾納為了發表他的第一部作品，曾經遭受過多麼大的挫折！

這裏記錄的，就是凡爾納當時的一段令人難忘的經歷。

一八六三年冬天的一個上午，凡爾納剛吃過早飯，正準備到郵局去，突然聽到一陣敲門聲。

凡爾納開門一看，原來是一個郵差。

郵差把一包鼓沉沉的郵件遞到了凡爾納的手裏。一看到這樣的郵件，凡爾納就預感到不妙。

自從他幾個月前把他的第一部科幻小說《乘氣球五周記》寄到各出版社後，收到這樣的郵件已經是第十四次了。

他懷著忐忑不安的心情拆開一看，上面寫道：「凡爾納先生：書至我們審讀後，不擬出版，特此奉還。」

每看到這樣一封封退稿信，凡爾納都是心裏一陣絞痛。這次是第十五次了，還是未被採用。

凡爾納此時已深知，那些出版社的「老爺」們是如何看不起無名作者。他憤怒地發誓，從此再也不寫了。

他拿起手稿向壁爐走去，準備把這些稿子付之一炬。凡爾納的妻子趕過來，一把搶過書稿緊緊抱在懷裏。

此時的凡爾納餘怒未息，說什麼也要把稿子燒掉。

他妻子急中生智，以滿懷關切的感情安慰丈夫：「親愛的，不要灰心，再試一次吧，也許這次能交上好運的。」

聽了這句話以後，凡爾納搶奪書稿的手，慢慢放下了。

他沉默了好一會兒，然後接受了妻子的勸告，又抱起這一大包書稿到第十六家出版社去碰運氣。

這次沒有落空，讀完書稿後，這家出版社立即決定出版此書，並與凡爾納簽訂了二十年的出書合同。

沒有他妻子的疏導，沒有「再努力一次」的勇氣，我們也許根本無法讀到凡爾納筆下那些膾炙人口的科幻故事，人類就會失去一份極其珍貴的精神財富。

**【人生感悟】**

一個人如果在失敗之後，不去挖掘自己潛在的力量，不去重新奮戰，那麼等待他的還會是失敗。只有在失敗後發現自己真正能量繼續拼搏的人，才能獲得成功。

# 大野狼的求勝日記

## 奇妙小故事・生活大智慧

作者：舒天
出版者：風雲時代出版股份有限公司
出版所：風雲時代出版股份有限公司
地址：105台北市民生東路五段178號7樓之3
風雲書網：http://www.eastbooks.com.tw
官方部落格：http://eastbooks.pixnet.net/blog
Facebook：http://www.facebook.com/h7560949
信箱：h7560949@ms15.hinet.net
郵撥帳號：12043291
服務專線：(02)27560949
傳真專線：(02)27653799
執行主編：朱墨菲
美術編輯：許惠芳
法律顧問：永然法律事務所 李永然律師
北辰著作權事務所 蕭雄淋律師
版權授權：馬鐵
初版日期：2012年6月
ISBN：978-986-146-867-9

總 經 銷：成信文化事業股份有限公司
地　　址：台北縣新店市中正路四維巷二弄2號4樓
電　　話：(02)2219-2080

CVS通路：美璟文化有限公司
地　　址：台北市信義區莊敬路289巷29號
電　　話：(02)2723-9968

行政院新聞局局版台業字第3595號 營利事業統一編號22759935


國家圖書館出版品預行編目資料

大野狼的求勝日記-奇妙小故事，生活大智慧／舒天著. -- 初版. --
臺北市：風雲時代，2012.05 -- 面；公分

ISBN 978-986-146-867-9（平裝）

1.人生哲學　2.修身　3.通俗作品

191.9　　　101004730